AF326125

Logique

DE

LA MUSIQUE ÉLÉMENTAIRE

Ouvrage approuvé

PAR M. HALEVY

Rapporteur de la Commission spéciale de l'Académie

et par M. Berlioz

Comme le Constatent leurs Lettres Facsimilées, Ci-jointes

PRÉSENTANT

Le développement succint & complet du système musical,
exposé à l'élève par des moyens prompts, simples & nouveaux.

1ère Partie : Décomposition de la Tonalité primitive,
2ème Modulations, 3ème Notation & Transposition, 4ème Chant.

PAR

C. M. ROUBIER

Professeur

S. Richault

Prix : 60 f

1841

SIMON, Imprimeur
Rue des Poulies, 12

Monsieur,

J'ai examiné avec intérêt votre ouvrage intitulé Logique élémentaire de la musique. Je regrette que l'on n'ait pas chargé encore à l'académie des beaux arts de rapport sur ce traité. en attendant, veuillez recevoir mes félicitations sur l'ordre et la clarté de votre méthode, qui, du moins je l'espère, sera véritablement utile aux commençants. tout enfin j'espère que le rapport de l'académie vous sera favorable, en vous accordant les éloges et les encouragements qui sont dus à votre travail.

Veuillez recevoir, monsieur, l'assurance de mon sentiment distingué.

Paris 9 7bre 1839

Monsieur,

J'ai examiné votre ouvrage intitulé « Logique de la musique élémentaire ». Un pareil titre me semble justifié surtout point par vos explications claires autant que bien raisonnées sur diverses questions musicales.

Votre travail peut être d'un grand avantage pour l'enseignement et je souhaite que cette réclamation vous aide à en faire reconnaître le mérite.

J'ai l'honneur d'être, Monsieur, Votre dévoué serviteur

H. Berlioz

Paris 15 octobre 1839

INTRODUCTION.

De tous les beaux Arts, la **Musique** est celui qui peut-être est le plus cultivé, mais qui sans contredit est le moins approfondi même par ses plus grands amateurs.

Son origine se perd dans la nuit des temps et jusqu'à ce jour cependant, ses principes ne sont développés dans aucune Méthode avec la clarté et la précision qui seules peuvent les rendre compréhensibles aux Élèves.

Cette incertitude dans laquelle on les laisse sur le fond de la Théorie, retarde nécessairement le progrès; et ici je n'en parle qu'après m'en être assuré par des observations scrupuleuses faites depuis nombre d'années que je professe. -

Quel sera en effet; l'étonnement de l'élève observateur, à qui toutes les Méthodes disent (Il y a sept Notes, etc,....etc....) lorsqu'analysant une gamme complète du Piano, il trouvera douze Sons hétérogènes; et un treizième homogène au premier.

Quelle sensation éprouvera son oreille, à laquelle on aura tout au plus fait entendre l'Accord parfait, lorsqu'à chaque instant, pour accompagner sa mélodie; il entendra les dissonances produites par les Accords de Septièmes et leurs renversements.

N'ai-je pas vu souvent des Élèves jouant passablement d'un instrument, ne pouvoir répondre à une seule question théorique? et d'où vient, me demandera-t-on ce peu de connaissances musicales dans des Élèves qui connaissent assez bien le doigté, et savent lire la musique? je répondrai qu'on ne peut en attribuer la cause qu'aux Méthodes incomplettes dont on se sert, à l'insuffisance desquelles les Professeurs consciencieux et éclairés se font un devoir de suppléer, autant que la courte durée d'une Leçon peut le permettre.

Or, je le répète, l'ignorance de la théorie, quelque soit l'Art que l'on étudie, est le plus grand obstacle à la conception, et par conséquent aux progrès faciles et prompts de cet art. Comment en serait-il autrement ?....

Des études raisonnées et approfondies, faites en Allemagne, dans les Ecoles de Cologne et Mayence, en Italie dans celles de Ferrare, Milan, et au Conservatoire de Naples, la longue pratique de principes aussi certains qu'ils sont analytiques, m'ont décidé à les exposer dans l'intérêt de l'Art et des Élèves.

Le but de cette nouvelle Méthode est, d'abréger le travail de celui qui voudra la suivre sans dévier; d'en faire un bon Théoricien, un lecteur habile, un intonnateur capable de distinguer auriculairement le Ton, le Mode, les Sons et les modulations passagères d'un morceau quelconque.

Les succès que déjà j'ai obtenus par elle me font espérer que le public voudra bien lui faire un accueil favorable, et que le fruit de mes veilles et de mes longues méditations; sera considéré comme faisant faire un grand pas au mode d'enseignement pratiqué.

Les critiques y trouveront quelques redites. Elles seraient en plus grand nombre encor; si je n'avais créé differents tableaux, dont quelques uns mobiles; qui, par l'évidence de leurs simples mutations, rendent accessible à toutes les intelligences, cette Théorie musicale, hérissée de tant de difficultés.

La première partie de cette Méthode, est la décomposition de la tonalité primitive; c'est la base du système, j'y ai placé à cet effet soixante Leçons écrites en toutes lettres, afin que l'élève arrive plus facilement au point essentiel: à l'Intonation.

La deuxième partie traite la marche progréssive des modulations naturelles: si l'on a intonné juste toutes les leçons du Ton modèle majeur; on intonnera juste ces mêmes leçons, dans les divers Tons qui se succèdent, puisque ces Tons conservent les mêmes proportions. En

exposé du système exagéré sert de point de comparaison au système naturel.

La troisième partie a pour objets principaux: la Notation, la Transposition, le mode mineur et la Mesure. On me demandera peut être encore, pourquoi je n'ai pas d'abord enseigné à mon élève la manière d'écrire la Musique? je répondrai, que m'étant proposé dès mon début de lui faire analyser tous les principes, j'ai dû lui enseigner 1°. L'intonation, 2°. les Intervalles, c'est à dire la portée de Son qui sépare une Note de celle qui la précède ou la suit; 3°. la marche des Modulations; afin qu'à la première définition du moyen employé pour reconnaître les Sons; il puisse les dénommer sans hésitation.

Cette marche toute analytique et toute progressive dans l'exposé des principes est ainsi tracée; pour que l'élève arrivant à la quatrième partie, aux Chants; ne soit embarrassé sur aucun point, ne puisse élever aucun doute et soit réellement, ce qu'on appelle trop vulgairement Musicien.

1.ᵉ LEÇON.

C'est de l'Instrument nommé Guitare dont je me sers, pour expliquer à l'Élève, la base du système.

Je tends une de ses cordes et l'accordant à l'Ut naturel de mon Piano; cette corde pincée à vide, produit un Son que je nomme N.º 1.

Posant ensuite le doigt sur cette corde de case en case jusqu'à la douzième; dont le sillet, se trouve à la moitié juste de sa longueur sonore: je lui fais entendre une succession de treize sons; qui tous, sont à la **plus petite distance** les uns des autres.

De ces treize sons, les douze premiers seulement n'ont aucune ressemblance entr'eux; mais, le treizième est la reproduction à l'aigu du son primitivement donné par la corde à vide avec lequel il se trouve parfaitement semblable, mais plus perçant.

Cette démonstration reduit donc au nombre de douze; les sons hétérogènes dont se compose le **système musical** et en effet, si je pose mon doigt sur la même corde à la treizieme case; je reproduis á l'aigu le son qu'elle **me donne si je le pose à la première case.**

Si je fais ainsi jusqu'à la vingt-quatrième; je retrouve progressivement la reproduction à l'aigu des douze premiers sons, dans les douze derniers: ce qui me fait encore observer, que ces sons se trouvent toujours ainsi reproduits à la moitié juste du corps sonore, qui m'a donné leurs homologues au grave.

D'après cette conclusion, l'élève voit clairement que le système réel; n'est composé que de douze sons.

J'ai pour mieux le lui faire concevoir, un tableau de six pieds carrés que traversent vingt-quatre baguettes en relief, sur lesquelles je pose les N.ᵒˢ mobiles de ces sons, appellant le treizième premier bis, ainsi que je l'ai démontré. (Pl. 1. Let. F Figure. 1.)

Je me sers de ces N.ᵒˢ pour lui faire entendre cette gamme chromatique, sur la Guitare ou le Piano; la montant et la descendant plusieurs fois, mais sans la lui faire chanter: je lui fais seulement donner à chacun de ces sons, le nom du N.º d'ordre auquel il se rapporte; ayant le soin de lui faire sentir la ressemblance de ton qui existe entre le N.º 1 et le N.º 1. bis.

Ce premier exercice sur cette gamme chromatique, ne lui présentant encor dans sa progression ascendante et descendante; qu'un amas confus de sons qui attendent une classification toute différente pour arriver à l'ordre naturel qu'on appelle la gamme diatonique: je lui apprends que de ces douze sons, sept seulement servent à la former, que ce sont ceux N.º 1,3,5,6,8,10,12, et qu'ils prennent les noms connus d'UT, RE, MI, FA, SOL, LA, SI.

Je place ces noms mobiles au tableau (Pl:1. Lett. F, Fig:2) leur ajoutant UT. bis, c'est-à-dire UT répété à l'aigu; pour qu'ainsi complettée par la répétition de cet UT générateur du système, cette gamme puisse acquérir le sens fini que réclame l'oreille et prendre le nom d'Octave.

Je termine cette première leçon en lui faisant poser lui même au tableau (Pl:1 Lett. F Fig 3) les huit nouveaux N.º d'ordre, du N.º 1 au N.º 1 bis je lui fais alors remarquer que dans cette gamme, que l'on nomme gamme naturelle du mode majeur; la nature à placé deux intervalles, qui ne sont que d'un demi-ton: qu'ils se trouvent toujours dans l'octave de ce mode du 3.º au 4.º, et du 7.º au 1.er bis de ces huit sons.

Il s'en rend aisément compte quand je lui fais observer au tableau (Pl:1. Lett. F Fig 2 et 3) l'intervalle qui existe entr'eux et surtout le rapprochement des doigts sur la Guitare, pour la production des quatre sons MI, FA et SI, UT: rapprochement qui est également marqué sur le Piano, par la contiguité dans toute leur etendue de deux touches longues.

2.ᵉ LEÇON.

Pour n'être plus obligé de me répéter, j'avertis le praticien de ma mé-thode; que je fais faire à l'élève au commencement de chaque leçon l'ana-lyse de la précédente: afin de m'assurer s'il à compris et retenu mes démonstrations.

J'ai laissé sans dénomination, cinq des sons de la gamme chromatique et primitive de laquelle j'ai formé, la gamme naturelle. Ils prennent leurs noms de ceux entre lesquels ils se trouvent placés et se nomment Dièzes, quand ils ont rapports au plus bas; et Bémols, quand ils ont rapports au plus haut des deux sons dont ils partagent la distance.

Ce signe ♯ que l'on nomme Dièze, sert à hausser la note d'un demi-ton: celui-ci ♭ que l'on nomme Bémol, sert à la baisser d'un demi-ton, ce 3.ᵉᵐᵉ signe ♮ que l'on nomme Bécarre, sert à la remettre dans sont état primitif.

6

Ainsi; le N.º 2 des douze premiers sons, se nomme UT Dièze ou RÉ Bé_
mol, le N.º 4 RÉ Dièze ou MI Bémol, etc; je les place au tableau (Pl.1.
Lett: F. Fig 4 .)

Je commence alors à faire entendre à l'élève, la gamme, naturelle en
la montant et descendant lentement; je lui dis aussi que cette gamme peut
se répéter infiniment, soit à l'aigu, soit au grave: qu'il en à la preuve sur
l'étendue du Piano, mais que ce sont toujours les mêmes sons qui se re_
produisent d'octave en octave.

Je lui fais entendre ensuite la gamme chromatique, qui renferme tous les
sons desquels je lui ai parlé et pour qu'il me comprenne plus facilement,
je forme de nouveau cette gamme au tableau (Pl.1. Lett. G. Fig 2 et 4.) la
lui faisant nommer au fur et à mesure de son éxécution, tel que: UT natu_
rel, UT Dièze, RÉ naturel, RÉ Dièze, etc, en montant: et, UT naturel, SI na_
turel, SI Bémol, LA naturel, LA Bémol, etc, en descendant.

Je lui fais chanter alors, l'octave ascendante et descendante du mode Ma_
jeur, (Pl. 2. Lett. A) plusieurs fois de suite et sans la lui faire dépasser.
cette leçon se borne à ce simple éxercice.

3.ᵉ LEÇON.

Il est urgent avant de passer à d'autres démonstrations, d'apprendre
à l'Élève qu'il éxiste dans la musique trois espèces de genre: le genre
diatonique, le genre chromatique et le genre enharmonique.

Le genre diatonique est celui dans lequel on procéde par Tons et de_
mi_Tons, suivant la place qu'ils occupent dans l'échelle de la gamme quel
que soit le mode que l'on emploie.

Le genre chromatique, est celui dans lequel on procède de demi_Tons en
demi_Tons consécutifs.

Le genre enharmonique, est celui qui sert à passer d'un ton Dièze dans
un ton Bémol et d'un ton Bémol dans un ton Dièze.

Les degrés diatoniques ou Notes de l'Octave, portent encore d'autres noms
qu'il est très nécessaire de savoir.

Le premier s'appelle tonique, le 2.e sous-médiante le 3.e médiande, le 4.e sous-
dominante, le 5.e dominante, le 6.e sus-dominante, le 7.e sensible et conséquemment
aux principes énoncés: le 8.e tonique bis, je les place au tableau. (Pl.1. Fig. 5.)

L'Élève comprendra facilement que les dénominations différentes de ces degrés, ne changent rien à leur propriété: mais, je ne peux lui parler d'aucun
accord, ni entrer dans aucun détail relatif à la différence des deux modes;
sans préalablement lui avoir fait connaitre tous les intervalles naturels
qui sont dénommés ainsi:

L'intervalle qui existe d'un premier à un second dégré, prend le nom
de seconde, les secondes d'un ton sont majeures, celles d'un demi-ton
sont mineures.

L'intervalle qui existe d'un premier à un troisième dégré, prend le nom
de tierce, les tierces de deux tons sont majeures, celles d'un ton et demi
sont mineures.

L'intervalle qui existe d'un 1.er à un 4.e degré, prend le nom de quarte,
les quartes de deux tons et demi sont justes; celles de trois tons, sont
nommées quartes augmentées, ou fausses quartes.

L'intervalle qui existe d'un 1.er à un 5.e dégré, prend le nom de quinte,
les quintes de trois tons et demi sont justes; celles de trois tons, sont nommées quintes diminuées ou fausses-quintes.

L'intervalle qui existe d'un 1.er à un 6.e degré, prend le nom de sixte,
les sixtes de quatre tons et demi sont majeures, celles de quatre tons
sont mineures.

L'intervalle qui existe d'un 1.er à un 7.e degré, prend le nom de septième, les septièmes de cinq tons et demi sont majeures, celle de cinq
tons sont mineures.

L'intervalle qui existe d'un 1.er à un 8.e degré, prend le nom d'Octave,
l'Octave est toujours de six tons et ne peut être susceptible d'aucune
altération.

Je lui démontre sur le champ la distribution harmonique des sept sons
de la gamme naturelle ou diatonique, par la construction des deux accords
consonnants; celui nommé accord parfait et celui nommé accord de sixte,
quarte, qui ont le 1.er la tonique pour Son fondamental; et celui de Sixte Quarte:
la sous Dominante FA puis un troisième Accord mais Dissonant; nommé

Accord de Septième de Dominante, autrement Accord Dominant dont la note fondamentale est la Dominante SOL.

Je place au tableau (Pl:1. Fig. 6.) le premier de ces accords portant le nom d'Accord parfait, qui se compose des trois Sons UT, MI, SOL, à sa suite (Pl:1. Fig. 7.) le deuxième portant le nom d'Accord de sixte quarte, qui est composé des trois Sons UT, FA, LA, joignant à ces deux accords la tonique à l'aigu.

Je place alors au tableau (Pl:1. Fig 8.) le troisième accord portant le nom d'Accord dominant, qui est composé des quatre Sons SOL, SI, de l'Octave au grave et RÉ, FA, de l'Octave à l'aigu.

Il faut encore lui faire remarquer, que les Sons composant l'Accord parfait, sont; la tonique, la médiante, et la dominante; ceux composant l'Accord de sixte quarte, la tonique, la sous=dominante, et la sus=dominante; ceux composant l'Accord dominant, la dominante et la sensible de l'Octave grave; puis la sous-médiante et la sous=dominante de l'Octave aigue.

Je lui dis en outre, que la composition de ces trois accords s'établit toujours sur les mêmes degrés; quelques soit le Son fondamental de l'Octave; que seulement ici j'ai pris pour modele le ton d'UT.

C'est alors que je lui fais chanter (Pl:2. Lett. B) l'Accord-parfait dont les Sons sont designés par ce signe ♡, l'Accord de-sixte-quarte, dont les Sons sont designés par celui ci △ (Lett. C.) et l'Accord-dominant. dont les notes sont designées par cet autre - ◇ - (Lett: D.) toutes-fois après lui avoir fait chanter la gamme naturelle ou diatonique (Lett: A.)

4ᵉ LEÇON

Par le secours du Piano, je fais entendre à l'Élève les divers intervalles que forment deux Sons naturels les lui désignant ainsi qu'il suit comme dissonants au nombre de 16, ceux de

Seconde et Septième	{ Majeures ou mineures: au nombre de 14.	de Quarte augmentée et de Quinte diminuée	{ de trois Tons d'écart. au nombre de 2.

Ils se rencontrent dans la série diatonique naturelle entre les notes ci-après: 5 de Secondes Majeures d'un ton . UT, RÉ; RÉ, MI; FA, SOL; SOL, LA; LA, SI.

2 de..Secondes mineures d'un ½ Ton ; MI, FA; SI, UT.

2 de..Septièmes majeures de 5 Tons et ½ ; UT, SI; FA, MI.

5 de..Septièmes mineures de 5 Tons ; RÉ, UT; MI, RÉ; SOL, FA; LA, SOL; SI, LA.

1 de..Quarte augmentée ; FA, SI ;

1 de..Quinte diminuée ; SI, FA ;

16

Comme Consonnants ou plus agréables à l'oreille, au nombre : de 33, ceux de ;

TIERCES et de SIXTES, Majeures ou Mineures au nombre de 14. { de QUARTE, Juste de 2 Tons et ½ d'écart au nombre de 6. de QUINTE Juste de 5 Tons et ½ d'écart au nombre de 6. } et D'OCTAVE de 6 Tons, au nombre de 7.

Ils se rencontrent dans la série diatonique, entre les Sons suivants ;

3 de..Tierces majeures de 2 Tons ; UT, MI ; FA, LA ; SOL, SI.

4 de..Tierces mineures d'un Ton et ½ ; RÉ, FA ; MI, SOL ; LA, UT ; SI, RÉ.

4 de..Sixtes majeures de 4 Tons et ½ ; UT, LA ; RÉ, SI ; FA, RÉ ; SOL, MI.

3 de..Sixtes mineures de 4 Tons ; MI, UT ; LA, FA ; SI, SOL.

6 de..Quartes justes, aussi nommées Consonnantes, UT, FA ; RÉ, SOL ; MI, LA ; SOL, UT ; LA, RÉ ; SI, MI.

6 de..Quintes justes ; UT, SOL ; RÉ, LA ; MI, SI ; FA, UT ; SOL, RÉ ; LA, MI.

7....d'Octaves ; UT, UT ; RÉ, RÉ ; MI, MI ; FA, FA ; SOL, SOL ; LA, LA ; SI, SI.

33

En observant que la somme totale de ces intervalles, tant dissonnants que consonnants est de 49 ; produit du nombre des sept Sons diatoniques, multiplié par lui même : et que celui des intervalles consonnants ; est double de celui des dissonnants.

Je crois devoir répéter que ce modèle d'intervalles, donné sur le Ton-d'UT, est le guide général de tous les autres Tons : que seulement le nom des Sons change d'après la Tonique.

5me LEÇON.

Il est de la première importance que l'élève apprenne par cœur les divers intervalles que je lui ai nommés dans la leçon précédente. J'ai donc cru bien faire de lui en donner un Tableau (Pl:5;) lui recommandant expressément. de le graver au plutôt dans sa mémoire.

Mais pour qu'il comprenne la facilité que lui donnera cette planche, il faut lui dire que la gamme écrite en petit romain, et qui se trouve à son centre, est le point de départ de tous les intervalles cherchés à L'aigu ou au Grave, or, si l'on cherche la quinte aigue du SOL de cette gamme, on monte en marge jusqu'à l'article Quintes, et se portant horisontalement jusqu'à la colonne verticale SOL; on trouve RÉ pour Quinte. Veut on chercher la Sixte grave de MI; on descend en marge jusqu'à l'article Sixtes et se portant à la colonne MI, on trouve SOL pour Sixte. Il en est de même pour tous les intervalles de quel Son qu'ils soient cherchés.

On les voit dans l'ordre successif, ascendant et descendant à la (PL:8;) article intervalles par degrés conjoints, et intervalles par degrés disjoints, écrits en tête de ce Tableau, à compter des Secondes jusqu'aux Septièmes en montant et en descendant. Tous ces intervalles y paraissent accumulés d'un Son à celui qui le suit par un même écart, sans progression rétrograde pour épuiser la série de chaque espèce d'intervalle.

Il est bon de les confronter avec ceux cherchés à la (PL:3) et en même temps, faire remarquer à l'Élève qu'une Seconde montante devient une Septième descendante, que la Tierce montante, devient Sixte descendante, que la Quarte devient Quinte; et que la Quinte devient Quarte, que la Sixte devient Tierce, que la Septième devient Seconde, et vice versa.

Ce Tableau (PL:5) donne encore les trois accords, par le moyen de leurs signes ♥ △, ◇

La (PL:4) est un modèle pour chanter ces accords, si l'on a plusieurs élèves; le professeur établira un régulateur de seize coups frappés : le 1.er quart désigné des élèves entonne la Tonique grave de l'accord parfait, au 5.me coup, le 2.e quart entonne la Médiante; au 9.e coup, le 3.e quart entonne la Dominante et au 13.e coup le dernier quart entonne la Tonique aigue qui se continue jusqu'au 16.e coup.

La même chose a lieu pour descendre l'Accord; mais pour ne pas fatiguer les mêmes élèves qui ont été obligés de prolonger le Son pendant 16 ou 12 coups en le montant; le dernier quart entonne la Tonique à l'aigu, et le 3.e quart la Dominante.

On procède de la même manière pour les Accords de Sixte quarte et Dominant.

Ensuite je fais chanter dans le Ton d'UT seulement les leçons suivantes écrites en Lettres, par le moyen d'une seule ligne horisontale, avertissant préalablement que les Sons écrits en dessus de la ligne sont ceux d'une Octave à l'aigu de l'Octave du médium écrits sur la ligne même et que ceux écrits en dessous, sont ceux d'une Octave grave tel que :

	UT RÉ MI FA SOL LA SI	UT RÉ MI FA SOL LA SI
SOL LA SI	OCTAVE du MEDIUM	OCTAVE à L'AIGU
OCTAVE GRAVE		

Le premier SOL de cette notation est celui à la Quarte en dessous de l'UT médium, 5ᵉ du Clavier et ce même SOL est celui de la 4ᵉ Corde à vide du Violon

Cette manière de noter est d'un grand avantage, en ce que l'élève ne se trouve occupé que du point le plus important ; celui d'intonner juste : puisque dès l'instant qu'il exercera par la notation ordinaire ; il devra lire de suite de sept manières c'est à dire transposer à vue toutes les Leçons quelconques, dans les Tons qui lui seront indiqués ; résultats surprenants qui dépendent entièrement de la connaissance parfaite de la table des intervalles (Pl:3) que je viens d'indiquer, toujours mis en comparaison avec ceux de la (Pl:8).

Ici se terminent toutes les explications et demonstrations théoriques qui peuvent avoir rapport à la Tonalité naturelle et primitive dans le Ton d'UT mode majeur. Mais comme les progrès ultérieurs dépendent absolument de la persévérance que les Élèves devront mettre dans l'étude des soixante Exercices suivants, destinés à clore cette première partie ; il sera bon, pour faire un peu diversion, de reserver la dernière séance de chaque semaine, à une revision scrupuleuse, expliquée à tour de role par un élève ; de tous les principes contenus dans les Leçons précédentes.

Le premier numéro de ces soixante Exercices est celui détaché (Pl:2) par lequel il faudra commencer.

12

Décomposition de l'Accord parfait.

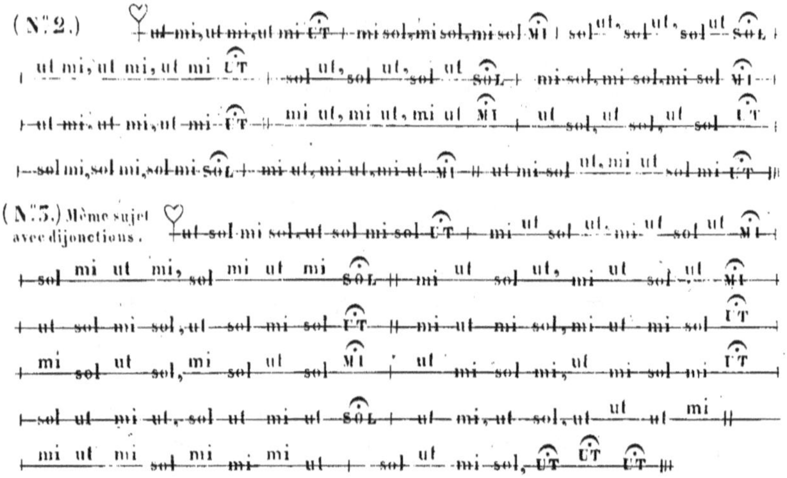

(N.º 2.) ut mi, ut mi, ut mi UT ┼ mi sol, mi sol, mi sol MI │ sol ut, sol ut, sol ut SOL ┼

ut mi, ut mi, ut mi UT ┼ sol ut, sol ut, sol ut SOL ┼ mi sol, mi sol, mi sol MI ┼

ut mi, ut mi, ut mi UT ┼ mi ut, mi ut, mi ut MI ┼ ut sol, ut sol, ut sol UT ┼

sol mi, sol mi, sol mi SOL ┼ mi ut, mi ut, mi ut MI ┼┼ ut mi sol ut, mi ut sol mi UT ┼┼┼

(N.º 3.) Même sujet avec dijonctions. ut sol mi sol, ut sol mi sol UT ┼ mi ut sol ut, mi ut sol ut MI ┼

sol mi ut mi, sol mi ut mi SOL ┼┼ mi ut sol ut, mi ut sol ut MI ┼

ut sol mi sol, ut sol mi sol UT ┼┼ mi ut mi sol, mi ut mi sol UT ┼

mi sol ut sol, mi sol ut sol MI ┼ ut mi sol mi, ut mi sol mi UT ┼

sol ut mi ut, sol ut mi ut SOL ┼ ut mi, ut sol, ut ut mi ┼┼

mi ut mi sol mi mi ut ┼ sol ut mi sol, UT UT UT ┼┼┼

Par degrés Conjoints et terminaisons de TIERCES dans chaque Article.

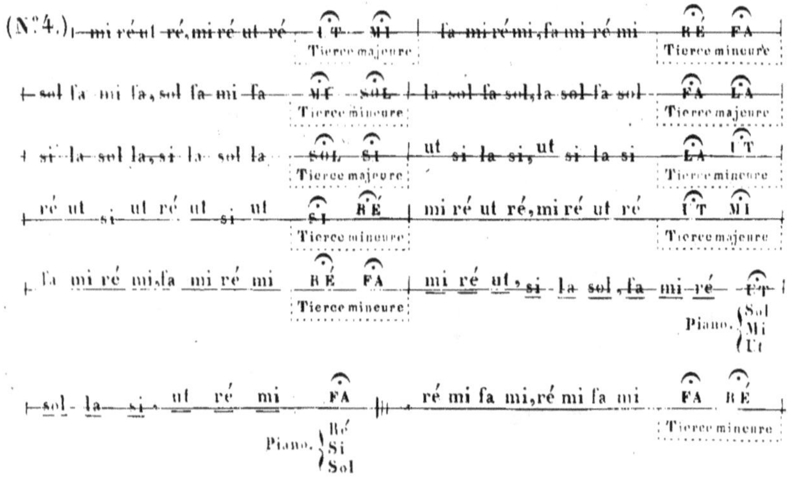

(N.º 4.) mi ré ut ré, mi ré ut ré UT MI │ fa mi ré mi, fa mi ré mi RÉ FA

Tierce majeure — Tierce mineure

sol fa mi fa, sol fa mi fa MI SOL ┼ la sol fa sol, la sol fa sol FA LA

Tierce mineure — Tierce majeure

si la sol la, si la sol la SOL SI ┼ ut si la si, ut si la si LA UT

Tierce majeure — Tierce mineure

ré ut si, ut ré ut si, ut SI RÉ │ mi ré ut ré, mi ré ut ré UT MI

Tierce mineure — Tierce majeure

fa mi ré mi, fa mi ré mi RÉ FA │ mi ré ut, si la sol, fa mi ré UT

Tierce mineure — Piano. { Sol Mi Ut

sol la si ut ré mi FA ┼┼┼ ré mi fa mi, ré mi fa mi FA RÉ

Piano. { Ré Si Sol — Tierce mineure

R *

ut ré mi ré, ut ré mi ré   MI UT | si ut ré ut, si ut ré ut   RÉ SI
Tierce majeure.   *Tierce mineure.*

la si ut si, la si ut si   UT LA | sol la si la, sol la si la   SI SOL
Tierce mineure.   *Tierce majeure.*

fa sol la sol, fa sol la sol   LA FA | mi fa sol fa, mi fa sol fa   SOL MI
Tierce majeure.   *Tierce mineure.*

ré mi fa mi, ré mi fa mi   FA RÉ | ut ré mi ré, ut ré mi ré   MI UT
Tierce mineure.   *Tierce majeure.*

ré mi fa, sol la si   ut mi ut, sol mi sol UT ‖

On reprendra ce numéro 4, en ne chantant que les Tierces directes écrites en grandes Lettres et les petites soulignées.

Décomposition de l'Accord de Sixte Quarte.

(N°.5.) ut fa, ut fa, ut fa UT | fa la, fa la, fa la FA | la ut, la ut, la ut LA

ut fa, ut fa, ut fa UT | la ut, la ut, la ut LA | fa la, fa la, fa la FA

ut fa, ut fa, ut fa UT | fa ut, fa ut, fa ut FA | ut la, ut la, ut la UT

la fa, la fa, la fa LA | fa ut, fa ut, fa ut FA ‖ ut fa la ut fa ut la fa UT ‖

(N°.6.) Même sujet avec dis-jonctions. ut la fa la, ut la fa la UT | fa ut la ut, fa ut la ut FA

la fa ut fa, la fa ut fa LA | fa ut la ut, fa ut la ut FA

ut la fa la, ut la fa la UT | fa ut fa la, fa ut fa la UT

fa la ut la, fa la ut la FA | ut fa la fa, ut fa la fa UT

la ut fa ut, la ut fa ut LA | ut fa, ut la, ut ut ut fa

ut fa, ut ut, ut la, ut fa, ut la, ut ut UT ‖

14

Par degrés Conjoint et terminaisons de QUARTES dans chaque Article.

(N.º 7.) ut ré mi fa, mi fa mi ré — UT FA | ré mi fa sol, fa sol fa mi — RÉ SOL
Quarte juste de 2 Tons et ½. | *Quarte juste.*

mi fa sol la, sol la sol fa — MI LA | fa sol la si, la si la sol — FA SI
Quarte juste. | *Quarte augmentée de 3 Tons.*

sol la si ut, si ut si la — SOL UT | la si ut ré, ut ré ut si — LA RÉ
Quarte juste. | *Quarte juste.*

si ut ré mi, ré mi ré ut — SI MI | ut ré mi fa, mi fa mi ré — UT FA
Quarte juste. | *Quarte juste.*

ré fa ré, si sol fa, ré sol si — UT ‖ fa mi ré ut, ré ut ré mi — FA UT
Quarte juste.

mi ré ut si, ut si ut ré — MI SI | ré ut si la, si la si ut — RÉ LA
Quarte juste. | *Quarte juste.*

ut si la sol, la sol la si — UT SOL | si la sol fa, sol fa sol la — SI FA
Quarte juste. | *Quarte augmentée.*

la sol fa mi, fa mi fa sol — LA MI | sol fa mi ré, mi ré mi fa — SOL RÉ
Quarte juste. | *Quarte juste.*

fa mi ré ut, ré ut ré mi — FA UT | fa ré fa sol si ré, ut sol mi — UT
Quate juste. | (On reprendra ce N.º 7 en ne chantant que les Quartes directes, et les notes soulignées écrites en petites lettres)

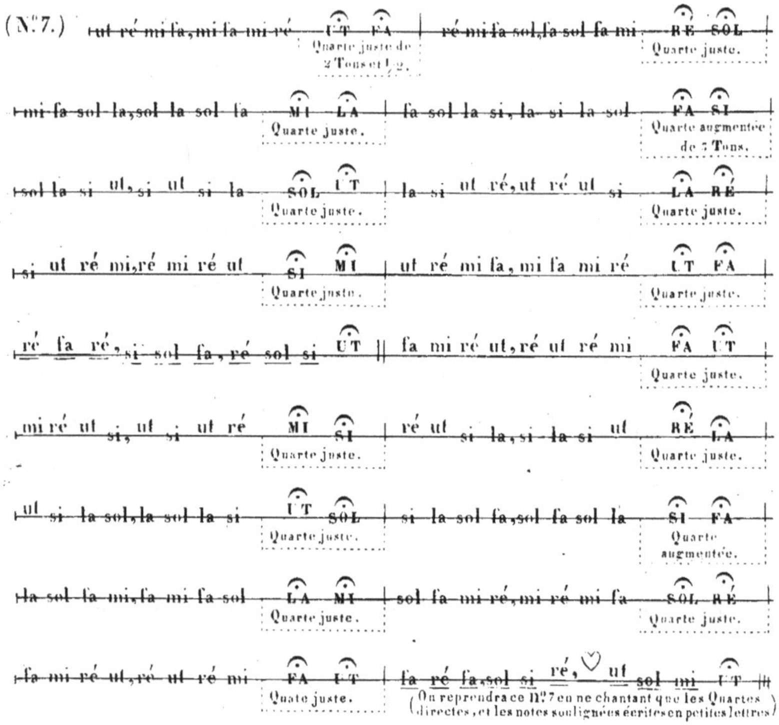

Décomposition de l'Accord Dominant.

(N.º 8.) ré fa, ré fa, ré fa RÉ | fa sol, fa sol, fa sol FA

sol si, sol si, sol si SOL | si ré, si ré, si ré SI | ré fa, ré fa, ré fa RÉ

si ré, si ré, si ré SI | sol si, sol si, sol si SOL | fa sol, fa sol, fa sol FA

ré fa, ré fa, ré fa RÉ | fa ré, fa ré, fa ré FA | ré si, ré si, ré si RÉ

si sol, si sol, si sol SI | sol fa, sol fa, sol fa SOL | fa ré, fa ré, fa ré FA

R *

(N.º 9.)

Même sujet sur 3 des 4 Notes
dont se compose cet Accord. ‖: ré fa sol, sol fa ré :‖: fa sol si, si sol fa :‖
‖: sol si ré, ré si sol :‖: si ré fa, fa ré si :‖: fa ré si, si ré fa :‖
‖: ré si sol, sol si ré :‖: si sol fa, fa sol si :‖: sol fa ré, ré fa sol :‖ SOL ‖

(N.º 10.) Même sujet ◊
sur les 4 Notes. ‖: sol si ré fa, fa ré si sol :‖: fa sol si ré, ré si sol fa :‖
‖: ré fa sol si, si sol fa ré :‖: fa ré si sol, sol si ré fa :‖
‖: ré si sol fa, fa sol si ré :‖: si sol fa ré, ré fa sol si :‖ SOL ‖

(N.º 11.) Même sujet ◊
avec disjonctions. ‖sol ré, sol ré, sol ré SOL‖si fa, si fa, si fa SI‖fa si, fa si, fa si FA‖
ré sol, ré sol, ré sol RÉ‖si fa, si fa, si fa SI‖sol ré, sol ré, sol ré SOL‖
ré sol, ré sol, ré sol RÉ‖fa si, fa si, fa si FA‖sol ré, sol ré, sol ré SOL‖

(N.º 12.) Même sujet ◊
‖sol si, sol ré, sol fa‖sol fa, sol ré, sol si SOL‖fa ré, fa si, fa sol‖
fa sol, fa si, fa ré FA‖ré si, ré sol, ré fa, ré ré‖ré ré, ré fa, ré sol, ré si RÉ‖
si sol, si fa, si ré‖si ré, si fa, si sol SI‖ré fa, ré sol, ré si, ré ré, ré fa‖
fa ré, fa si, fa sol, fa fa, fa ré FA‖fa sol, fa si, fa ré fa FA‖sol fa, sol ré, sol fa, sol si‖
fa ré, fa sol, fa ré SOL‖fa ré fa, fa si, fa, fa sol fa, fa fa, fa ré fa‖
ré fa ré, ré si, ré, ré sol ré, ré fa ré, ré ré ré‖si ré si, si fa si, si ré si,‖
si sol si, si fa si, si ré si‖sol si sol, sol ré sol, sol fa sol, sol ré sol, sol si sol,‖
sol fa sol, sol ré sol‖fa sol fa, fa si fa, fa ré fa, fa fa, fa ré fa, fa si fa,‖
fa sol fa, fa ré fa‖ré fa ré, ré sol ré, ré si ré, ré ré, ré fa ré, ré ré ré,‖
ré si ré, ré sol ré, ré fa ré, ré RÉ‖sol ré sol si, ré fa ré si, sol fa ré fa,‖
sol fa ré si, sol fa ré si, sol si ré si, sol fa ré si, sol si sol si SOL ‖

Cet Exercice est pour trouver les Notes qui forment intervalle de
SECONDE de TIERCE et de QUARTE, avec celles écrites en lettres; par le
moyen des chiffres représentatifs de ces 3 intervalles (2, 3 et 4) placés à
l'Aigu ou au Grave.

(N.° 13.) ut 2 mi — ut 2 mi — fa 3 sol 3 — fa 2 fa 3 — fa 4 — sol 2 sol 3 — sol 4 SOL

si 3 fa 3, si 3 fa 3, si 4 ut 4, ré 4 mi 4, fa 4 sol 4, la 4 si 4, ut 4 ré 4,

FA 3 si — sol 2 sol 3 sol 4, — fa 2 fa 3 fa 4, — mi 2 mi 3 mi 4, — ré ré 2 3

ré 4, — ut 2 ut 3 ut 4, — ut 4 si 4 la 4 — sol 4 fa 4 mi 4 — ré 3 sol 3

ré 3 ré 3 ut 2 mi 3 FA — sol 2 mi 2, fa 2 ré mi 2 ut — ut 4 ut 3

ré 3 ré 3, — mi ut 4 4 la 4 sol 4 — fa 3 sol 4 — la 4 si 4 — ut 4 ré 4 MI

sol 3 ut 4, — mi 3 sol 3 — ut 4 mi 3 — sol 3 ut 4 — fa 4 la 3 — ut 3 fa 4

la 3 ut 3 — sol 4 mi 3 — ut 3 sol 4 — mi 3 ut 3 — sol 2 ré 3 — fa 3 si 3

ré 3 sol 2 — si 3 fa 3 — sol 2 ré 3 — fa 3 si 3 — ut 3 ré 3 — mi 3 fa 3

sol 3 la 3 — si 3 ut 3 — ré 3 mi 3 — fa 3 mi 3 — ré 3 ut 3 — si 3 la 3

sol 3 fa 3 — mi 3 ré 3 UT — ut 4 ré 4 mi 4 fa 4 sol 4 la 4 si 4 ut 4

ré 2 fa 2 ré 3 ut 2 SOL — sol fa mi ré ut 4 4 4 4 4 si 4 la 4 sol 4 fa 4

mi 4 ré 4 ut 4 — ut 2 mi 2 — ré 2 fa 2 — mi 2 sol 2 — fa 2 la 2

sol 2 si 2 — la 2 ut 2 — si 2 ré 2 ut 3 ut 4 — mi 3 sol 3

ut 3 sol 4 UT MI UT

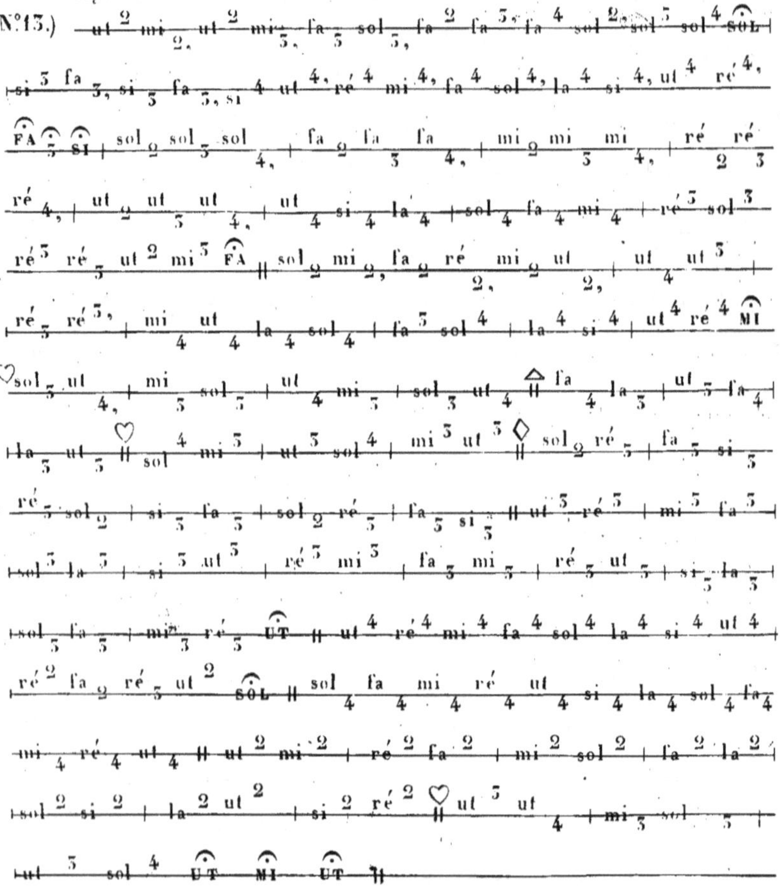

(N°.14.)

[Exercice de solfège — suite de notes : mi, ut, ré, si, fa, ré, mi, ut, sol, sol, fa, la, mi, mi, ré, ré, ut, ut, si, si, la, la, sol, sol, fa, sol, ut, mi, RÉ, si, ré, si, la, sol, si, la, sol, si, sol, fa, mi, sol, fa, mi, sol, mi, ré, ut, mi, ré, mi, ré, fa, mi, sol, fa, la, sol, si, la, ut, si, ré, ut, mi, ré, fa, si, fa, si, fa, fa, si, fa, si, fa, la, ut, ut, ré, ré, mi, mi, fa, fa, sol, sol, la, la, si, si, ut, ré, mi, fa, si, fa, si, la, si, ut, ré, mi, fa, sol, sol, fa, fa, mi, mi, ré, ré, ut, ut, si, fa, si, la, ut, sol, mi, sol, ut, ut, UT.]

Les quatre Leçons suivantes N°.^s 15,16,17,18 (Lettre A) composées chacune de 44 Notes; servent à établir les **UT** grave et aigu, en relation avec les 6 autres Notes d'une **OCTAVE** dont ils sont les extrèmes.

Vingt quatre N°.^s distribués de quatre en quatre et suivis des (Lettres **B,C,D,E,F,G**) rempliront le même but à l'égard des 6 autres Notes naturelles qui seront tour à tour point de départ et Notes principales: sans néanmoins changer la tonalité d'**UT** majeur: comme l'exigeraient les proportions du mode; si l'on voulait les considérer comme autant de Toniques.

(N°.15.) Lettre A) Sur l'**UT** grave
Note principale .

[ut ré mi fa, sol la si ut, ut ut ut ré, ut mi, ut fa, ut sol, ut la, ut si, ut ut P, ut mi, ut sol, ut ut]

L'élève ne fera aucune attention à ces initiales
P. S. Q. et D. jusqu'à ce que leur signification
ne lui soit expliquée à la partie de la Théorie.

S.Q.

[ut fa, ut la, ut ut D, ré fa, sol si P, ut sol mi UT]

18

(N.º 16.) Lettre A) Sur l'UT grave
Note principale.

ut si la sol, fa mi ré ut ‖ ut 8ve ut, ut 7e si, ut 6te la,

ut 5te sol, ut fa, ut mi, ut ré, ut ut ‖ ut P. 8ve ut, ut 5te sol, ut mi ‖

S.Q. ut 8ve ut, ut 6te la, ut fa ‖ si sol fa ré ‖ ut mi sol UT ‖

(N.º 17.) Lettre A) Même sujet,
sur UT aigu.

ut si la sol, fa mi ré ut ‖ ut ut, ut si, ut la, sol,

ut 5te fa, ut 6te mi, ut 7e ré, ut 8ve ut P. ut sol, ut 6te mi, ut 8ve ut ‖

S.Q. ut la, ut 5te fa ut 8ve ut ‖ si sol fa ré ‖ ut mi sol UT ‖

(N.º 18.) Lettre A) Même sujet,
sur UT aigu.

ut ré mi fa, sol la si ut ‖ ut 8ve ut, ut 7e ré, ut 6te mi,

ut 5te fa, ut sol, ut la, ut si, ut ut P. ut 8ve ut, ut 6te mi, sol ‖

S.Q. ut 8ve ut, ut 5te fa ut la D. ré fa sol si ‖ ut sol mi UT ‖

(N.º 19.) Même
Sujet.

ut ut, ut ré, ut mi, ut fa, ut 5te sol, ut 6te la, ut 7e si ut 8ve ut ‖

ut 8ve ut, ut 7e si, ut 6te la, ut 5te sol, ut fa, ut mi, ut ré, ut ut ‖

♡ ut mi, ut 5te sol, ut 8ve ut △ ‖ ut fa ut 6te la, ut 8ve ut ◇ ou paraît la Tonique ‖ ut ré, ut fa, ut 5te sol, ut 7e si ‖

♡ 8ve ut, ut 5te sol, ut mi ‖ ut △ 8ve ut, ut 6te la, ut fa ‖ ut ◇ ou paraît la Tonique 7e si, ut 5te sol, ut fa, ut ré ‖

♡ ut mi, ut 5te sol, ut 8ve ut 8ve ut, ut 5te sol, ut mi, UT ‖

(N.º 20.) ut ut, ut si, ut la ut sol, ut fa, ut mi, ut ré ut ut ‖ ut ut, ut ré,

ut mi, ut fa, ut sol, ut la, ut si, ut ut ♡ ut sol, ut mi, ut ut △ ut la, ut fa ut ‖

◇ avec la Tonique en intermédiaire. ♡ ut ut, ut sol, ut fa, ut ré ‖ ut sol, ut mi, ut ut △ ut la, ut fa, ut ut ‖

◇ avec la Tonique en intermédᵉ ♡ ut si, ut sol, ut fa, ut ré ♡ ut sol, ut mi, ut ut ◇ ut ut, ut mi, sol, ut mi, ut mi sol UT ‖

(N.° 21.) Lettre B) Sur RÉ.
Note principale au grave. | ré mi fa sol, la si ut ré || ré ré, ré mi, ré fa, ré sol, ré la, ré si, ré ut, ré ré P. || ré fa, ré la, ré ré S.Q. || ré sol, ré si, ré ré D. || mi sol la ut P. ré la fa ré ||

(N.° 22.) Lettre B) Sur RÉ,
Note principale au grave. | ré ut si la, sol fa mi ré || ré ré, ré ut, ré si, ré la, ré sol, ré la, ré mi, ré ré P. || ré ré, ré la, ré fa S.Q. || ré ré, ré si, ré sol, D. ut la, sol mi || ré fa la P. ré fa la RÉ ||

(N.° 23.) Lettre B) Même sujet
sur RÉ aigu. | ré ut si la, sol fa mi ré || ré ré, ré ut, ré si, ré la, ré sol, ré fa, ré mi, ré ré P. ré la, ré fa, ré ré S.Q. ré si, ré sol, ré ré D. ut la sol mi || ré fa la P. ré fa la RÉ ||

(N.° 24.) Lettre B) Même sujet
sur RÉ aigu. | ré mi fa sol, la si ut ré || ré ré, ré mi, ré fa, ré sol, ré la, ré si, ré ut, ré ré P. ré ré, ré fa, ré la, ré ré S.Q. ré ré, ré sol, ré si D. mi sol la ut P. ré la la RÉ ||

(N.° 25.) Même sujet sur
RÉ grave. | ré ré, ré mi, ré fa, ré sol, ré la, ré si, ré ut, ré ré ||
ré ré, ré ut, ré si, ré la, ré sol, ré fa, ré mi, ré ré P. ré fa, ré la, ré ré	
ré ré, ré la, ré fa S.Q. ré sol, ré si, ré ré ré ré, ré si ré sol, P. ré fa, ré la, ré ré	
ré ré, ré la, ré fa D. avec la T. ré mi, ré sol, ré la, ré ut ré ut, ré la, ré sol ré mi	
P.
ré fa, ré la, ré ré || ré ré, ré la, ré fa ré ré	

(N.° 26.) en UT. | ut sol ut mi sol ut si la, sol fa mi fa || ré mi, ré fa, ré sol, ré la, ré si, ré ut, ré RÉ si || ré sol fa, mi ut ré si || ut mi sol ut, si la si sol UT ||
ré ut, ré si, ré la, ré sol, ré fa, ré mi, ré RÉ		si sol la si ut sol mi ut SOL	
ut mi sol ut || ré fa la ré || la fa la ré fa mi sol fa mi || ut fa la ut	
ré sol si ré si sol si ré ut ré si SOL		ré ut, ré si, ré la, sol la, si	
ré fa ré mi, ré sol ré fa, ré la ré sol, ré si ré la, ré ut ré si, ré la ré ut, ré si ré ré	
ré fa sol si, ré si sol fa, ré si sol si		ut mi ut sol ut sol mi, UT UT UT	

(N.º 27.) ut mi ré fa, mi ut ré si ‖ ut mi sol ut UT ‖ ré fa mi sol fa ré mi ut ‖
ré fa la ré B E ‖ mi sol fa la, sol mi fa ré ‖ mi sol ut mi MI ‖ fa la sol si, la fa sol mi ‖
fa la ut fa FA ‖ sol si la ut, si sol la fa ‖ sol si ré fa sol fa ré, si sol ré ré si, si ré SOL ‖
la ut si ré, ut la si sol, la ut mi la LA ‖ si ré ut mi, ré si la ‖
si ré fa ré si ‖ ut mi ré, ut si la, sol ut si, la sol fa, mi ré ut ‖ ré fa, sol si ré si ‖
fa sol fa, ré si sol, fa ré si, sol ré si, ut sol mi, ut sol ut, mi sol sol UT ‖

(N.º 28.) GAMME
à deux Voix.

PRIMO.

SECONDO.

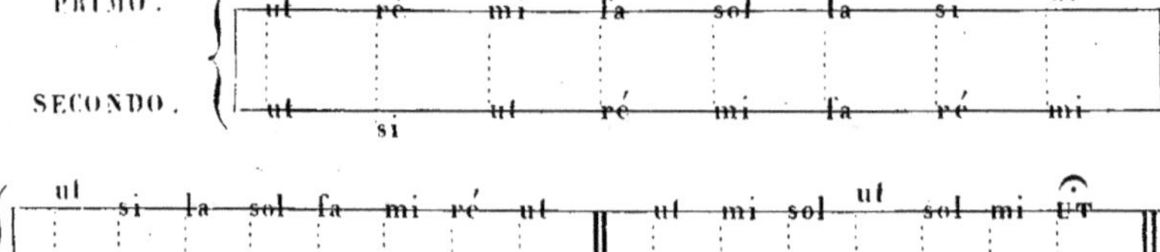

(N.º 29.) Lettre G) sur MI.
Note principale. ‖ mi fa sol la, si ut ré mi ‖ mi mi, mi fa, mi sol, mi la, mi si,
mi ut, mi ré, mi mi P. ‖ mi sol, mi si, mi mi S.Q. ‖ mi fa, mi ut, mi mi D. ‖ fa la si ré P. mi si sol MI ‖

(N.º 30.) Lettre G) sur MI.
Note principale. ‖ mi ré ut si, la sol fa mi ‖ mi mi, mi ré, mi ut, mi si, mi la,
mi sol, mi fa, mi mi P. ‖ mi mi si, mi sol S.Q. ‖ mi mi, mi ut, mi la D. ré si la fa P. ‖ mi sol si MI ‖

(N.º 31.) Lettre G) même sujet
sur MI aigu. ‖ mi ré ut si, la sol fa mi ‖ mi mi, mi ré, mi ut, mi si, mi la,
mi sol, mi fa mi mi P. mi si, mi sol, mi mi S.Q. mi ut, mi la, mi mi D. ré si la fa P. mi sol si MI ‖

(N°.32.) Lettre C.)
Même sujet sur MI aigu.

(N°.33.)

(N°.34.)

(N°.35.) Lettre D.) sur FA
Grave, Note principale.

(N°.36.) Lettre D.) sur FA
Grave, Note principale.

(N°.37.) Lettre D.)
Même sujet, sur RE aigu.

(N°.38.) Lettre D.)
Même sujet, sur RE aigu.

(N.º 39.)

Sur FA.

(N.º 40.) Gamme à trois Parties Vocales et une
Basse Instrumentale.

(Chacun de ces sons à la valeur des quatre sons écrits à la Basse Instrumentale.)

(Le Professeur annoncera aux élèves tous les accords de cette partie
Instrumentale; d'après les signes qui les désignent.

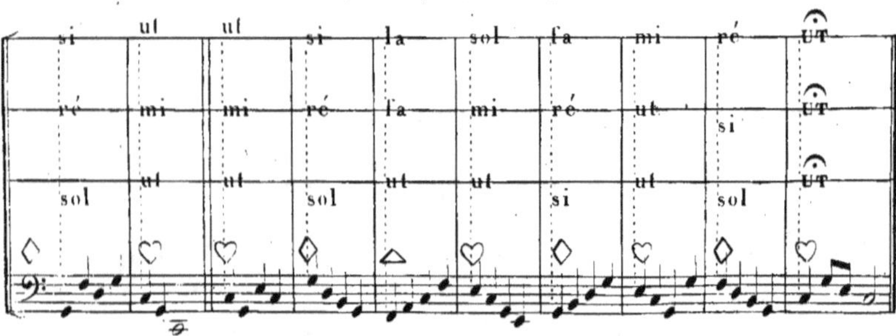

(N°41.) Lettre E) sur SOL.
Grave ou médium, note prin.^{le} sol la si — ut ré mi fa sol ǁ sol sol, sol la, sol si, sol ut, sol ré,
sol mi, sol fa, sol sol **P.** ǁsol si, sol ré, sol sol **S.Q.** ǁsol ut, sol mi, sol sol **D.** ut ré fa **P.** sol ré — si SOL ǁ

(N°42.) Lettre E) sur SOL
Grave ou médium, note prin.^{le} sol fa mi ré, ut si la sol ǁsol sol, sol fa, sol mi, sol ré, sol ut,
sol si, sol la, sol sol **P.** sol sol, sol ré, sol **S.Q.** ǁsol sol, sol mi, sol ut **D.** fa ré ut **P.** la ǁsol si ré SOL ǁ

(N°43.) Lettre E) même
sujet sur SOL Aigu. sol fa mi ré, ut si la sol ǁsol sol, sol fa, sol mi sol ré sol ut,
sol si, sol la, sol ǁ**P.** sol ré, sol sol **S.Q.** sol mi sol ut, sol **D.** fa ré ut **P.** la ǁsol si ré SOL ǁ

(N°44.) Lettre E) même
sujet sur SOL Aigu. sol la si — ut ré mi fa sol ǁsol sol, sol la, sol si, sol ut, sol ré,
sol mi, sol fa, sol sol **P.** sol sol, sol si, sol ré **S.Q.** sol solut sol mi **D.** la ut ré fa **P.** sol ré si SOL ǁ

(N°45.) sur SOL ♡
mais en UT. ut ut ut, ut — ut, mi mi mi, mi ut mi, sol sol sol, sol mi ut,
sol mi ut, sol mi ut, sol sol sol, SOL ǁsol ré, sol si fa, sol si sol
sol si ré, sol si fa, sol si sol SOL ♡ ut mi, mi sol, sol ut UT
sol ut mi, mi sol, sol mi UT ǁsol fa sol, mi sol ré, sol ut sol, si sol sol SOL
sol la sol, si sol ut, sol ré sol, mi sol fa, sol si sol SOL ǁsol fa ré, sol ré si
sol sol si sol, ré sol fa sol sol SOL fa sol mi, sol ré sol, ut sol si, sol la sol SOL
fa sol mi, sol ré sol, ut sol sol sol SOL ♡ mi ut mi SOL ǁré ré SOL
♡ mi sol ut SOL ǁré sol si SOL ǁfa sol si SOL ǁsol si ré SOL ǁsol ré fa SOL
sol fa ré SOL ǁfa ré si SOL ǁré si sol SOL ǁsi sol ré SOL ǁsol fa mi,
sol mi ré sol ré ut, sol ut sol si la sol SOL ǁsol la si, sol si ut,
sol ut ré, sol ré mi, sol mi fa, sol fa sol, SOL sol fa sol, ré sol si, sol sol SOL ǁ
sol fa sol, ré sol si, sol sol SOL sol ut mi, sol ut mi, sol ut mi, ut mi UT ǁ

(N.º 46.) Lettre F.) sur LA Grave, note principale.

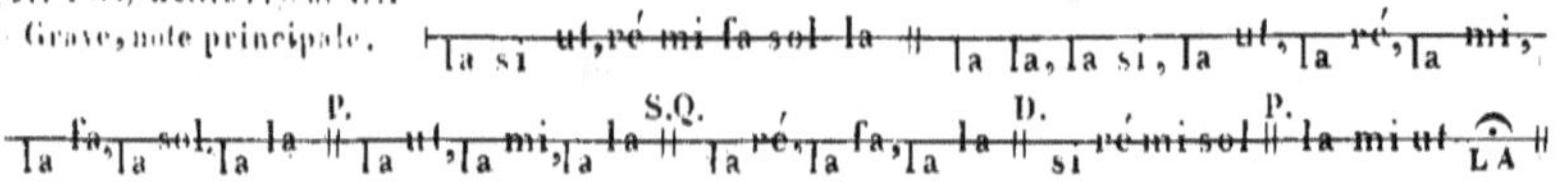

(N.º 47.) Lettre F.) sur LA Grave, note principale.

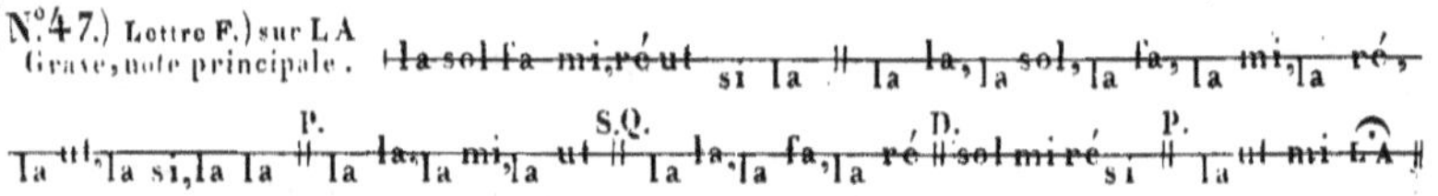

(N.º 48.) Lettre F.) même sujet sur LA aigu.

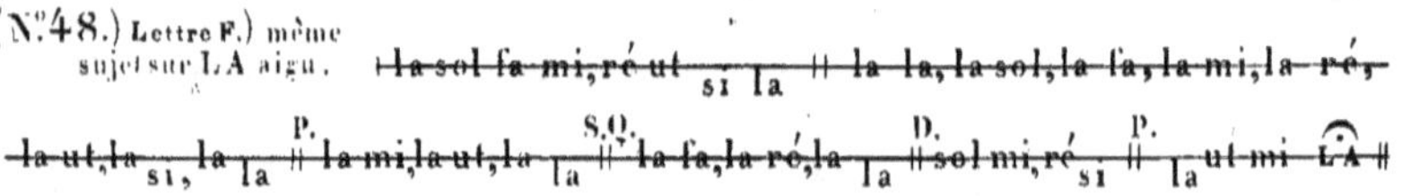

(N.º 49.) Lettre F.) même sujet sur LA aigu.

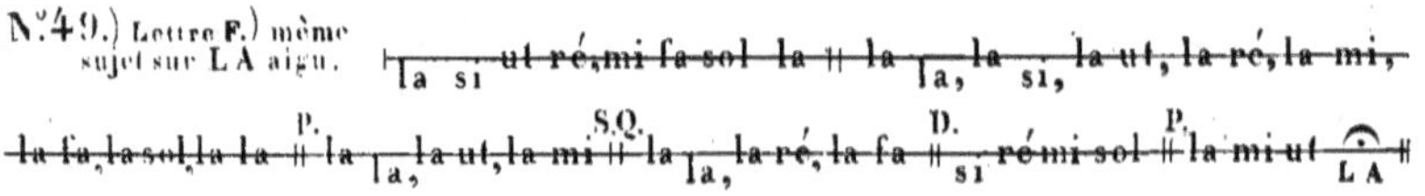

(N.º 50.) en UT et sur LA.

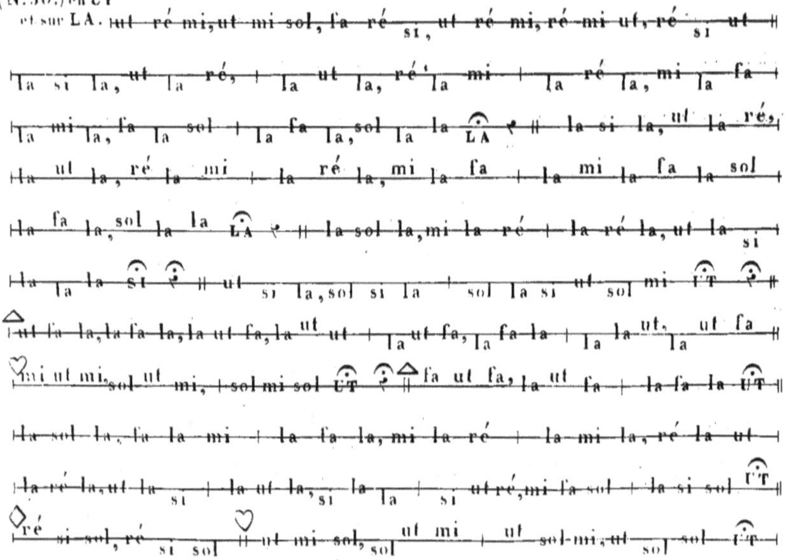

(N°.51.) Lettre G.) sur SI
Grave note principale.

(N°.52.) Lettre G.) sur SI
Grave note principale.

(N°.53.) Lettre G.) même
sujet; SI aigu.

(N°.54.) Lettre G.) même
sujet; SI aigu.

(N°.55.) sur SI
et en UT.

si ut mi, si ut fa si ut mi, si ut fa fa ré mi, ut ré si

fa ré mi, ut ré si sol si ut, si mi fa sol si ut si mi fa

sol fa ré, fa ré si ré si sol, si sol fa sol fa ré, fa ré si

ré ré, sol ré si SOL/4 2 ut sol mi, sol mi sol UT/4 2

sol mi ut, mi ut mi SOL/4 2 mi ut sol, ut sol ut MI/4 2

ut sol mi, sol mi sol UT/4 2 si ut mi, mi fa si UT/4 2

si ut mi, sol fa si ut mi sol, ut mi sol ut sol mi UT/2 1

(N°56.) ut mi ré fa mi ut ré si ut mi sol ut/4 UT ré fa mi sol

fa ré mi ut ré fa sol si RE/4 mi sol fa la sol mi fa ré

mi sol ut mi MI/4 fa la sol si la fa sol mi fa la ut fa

FA/4 sol si la ut si sol la fa sol ut mi sol SOL/4 la ut si ré

ut la si sol la ré fa ré LA/4 si ré ut mi ré si ut la

si ré sol ré SI/4 ut mi ré fa mi ut ré si ut mi sol mi

UT/4 fa ré mi ut ré si ut mi ut sol mi sol UT/4 mi ut ré si

ut la si ré si sol ré sol SI/4 ut mi la sol si ré sol fa

la ut fa mi sol si mi ré fa la ré ut mi sol ut si ré fa si la

Succession d'Accords de 7ᵉ

ut mi la sol ré sol fa ut fa mi sol si ré fa la ut mi sol

ré fa la ut mi sol si ré fa la ut mi sol si ré fa la ut mi

sol si ré fa mi sol ut mi ré fa si ré ut sol ut mi ré fa si ré

ut ut mi sol ut ut mi sol UT

Écarts de quintes à chercher à l'aigu, par l'écart de quarte au grave, le numéro du Son le désigne.... et Vice versa. (*)

(N°.57.)

Écarts de Sixtes à chercher à l'aigu et au grave par l'écart de Tierce.

(N°.58.)

(*) Le chiffre plus petit qui est barré est celui qui sert de guide pour trouver l'intervalle réel.

B 2

Écarts de Septième à chercher à l'aigu et au grave par l'écart de Seconde.

(N.° 59.)

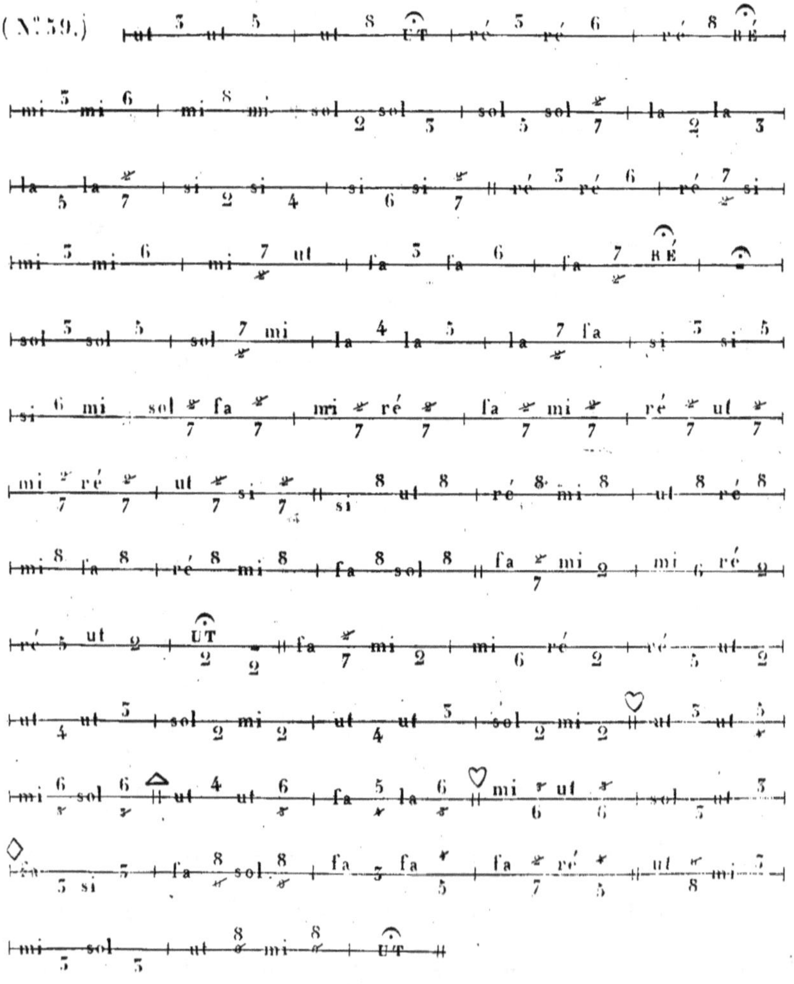

ut — ut — ut — UT — ré — ré — ré — RÉ

mi — mi — mi — mi — sol — sol — sol — sol — la — la

la — la — si — si — si — si — ré — ré — ré — si

mi — mi — mi — ut — fa — fa — fa — RÉ

sol — sol — sol — mi — la — la — la — fa — si — si

si — mi — sol — fa — mi — ré — fa — mi — ré — ut

mi — ré — ut — si — si — ut — ré — mi — ut — ré

mi — fa — ré — mi — fa — sol — fa — mi — mi — ré

ré — ut — UT — fa — mi — mi — ré — ré — ut

ut — ut — sol — mi — ut — ut — sol — mi — ut — ut

mi — sol — ut — ut — fa — la — mi — ut — sol

fa — fa — sol — fa — fa — fa — ré — ut — mi

mi — sol — ut — mi — UT

Résumé et dernier, des Leçons écrites en lettres; Rhytme quadrangulaire.

(N°. 60.) ut ré mi fa | sol la si ut | ré mi fa sol | la sol fa sol |

fa mi ré ut | si la sol fa | mi ré ut si | la sol la si | ut mi sol ut |

mi sol mi ut | sol mi ut sol | ut mi ut sol | mi sol mi ut | sol ut sol mi |

ut mi ut sol | MI ut fa la ut | fa la fa ut la | la fa ut | ut fa ut la |

fa la fa ut | la ut la fa | ut fa ut la | FA sol mi sol ut | mi ut mi sol |

ut sol ut mi | sol mi sol ut | mi ut mi sol | MI la fa la ut | fa ut fa la |

ut la ut fa | la fa la ut | fa ut fa la UT | ré fa sol si | ré fa |

sol fa ré si | sol fa ré si | SOL sol si sol | ré fa sol | ré fa |

sol si | ré fa ré sol | ré si ré ré | fa sol fa si | fa ré fa la |

sol si sol ré | sol fa sol sol | SI si | sol fa sol ré | sol si sol | fa ré fa si |

fa sol fa fa | ré si ré sol | ré fa ré ré | si sol si fa | si ré si | si |

sol fa sol ré | sol sol sol | SOL 2 ut ré ut la | ut mi ut sol | ut fa ut la |

ut sol ut si | ut la ut ut | SI 2 ut si ut sol | ut la ut fa | ut sol ut mi |

ut fa ut ré | ut mi ut ut | MI 2 ré mi ré sol | ré fa ré la | ré sol ré si |

ré la ré ut | ré si ré ré | FA 2 ré ut ré la | ré si ré sol | ré la ré fa |

ré sol ré mi | ré fa ré ré | SOL 2 mi la mi la | mi sol mi si | mi la mi ut |

mi si mi ré | mi ut mi mi | LA 2 mi ré mi si | mi ut mi la |

mi si mi sol | mi la mi fa | mi sol mi mi | si 2 fa sol fa si |

fa la fa ut | fa si fa ré | fa ut fa mi | fa ré fa la RE 2 |

fa mi fa ut | fa ré fa si | fa ut fa la | fa si fa sol | fa la fa si 2 |

sol la sol ut | sol si sol ré | sol ut sol mi | sol ré sol la | sol mi sol sol | FA 2/2

sol fa sol ré | sol mi sol ut | sol ré sol si | sol ut sol la | sol si sol | RE 2/2

la si la ré | la ut la mi | la ré la fa | la mi la sol | la la la | MI 2/2

la sol la mi | la fa la ré | la mi la ut | la ré la si | la ut la | la

sol fa mi fa | si ut mi ut | sol la sol | sol si sol ré | sol ut | mi

sol ré sol | fa sol mi sol sol | FA 3/1 | sol fa sol ré | sol mi sol ut | sol ré sol si

sol ut sol | la si sol | SI 3/1 | la si la ré | la la la | la ré la fa

la mi sol | la fa la | FA 3/1 | la sol la mi | la fa la ré | la mi la ut

la ré la si | la ut la | RE 3/1 | si ut si mi | ré si fa | mi si sol

fa si la si sol si | SOL 3/1 | si la si fa | si sol si mi | si fa si ré

si mi si ut | si ré si si | RE 3/1 | ut sol mi sol | mi ut sol ut | sol mi ut mi

ut sol mi sol | MI 2/2 | sol mi sol ut | mi ut mi sol | ut sol ut mi | sol mi sol ut

mi ut mi sol | SOL 2/2 | ut la fa la | fa ut la ut | la fa ut la | ut la fa la

FA 2/2 | la fa la ut | fa ut fa la | ut la ut fa | la fa la ut | fa ut fa la

2/2 | ré ré | fa ré fa | fa fa | sol fa sol ré sol fa sol | sol si sol si ré

ré si sol si | fa si sol si | fa ré si ré | sol ré si ré | la ré fa

la ré fa si | sol fa sol | FA 1/3 | sol ré fa ré | sol si ré si | fa si ré si

la sol si ut | ré sol si sol | ré fa sol fa | si fa sol fa | si ré fa mi

sol ré fa ré sol | ré ré | fa ré si | fa sol si sol | ut mi ut la ut fa ut si

ut sol ut ut | SOL 2/2 | ut la ut mi | ut sol ut ré | ut fa ut | FA 2/2 ré fa ré si | ré sol ré ut | ré la ré ré | si – | ré si ré fa | ré la ré mi

ré sol ré ré | FA – | mi sol mi ut | mi la mi | ré | mi si mi mi | LA –

mi ut mi sol | mi si mi | mi fa | mi la mi mi | SOL – | fa la fa ré | fa si fa mi

la ut fa la | si – | fa ré fa la | fa ut fa sol | fa si fa | RÉ –

sol si sol mi | sol ut sol | fa | sol ré sol sol | MI – | sol mi sol si

sol ré sol la | sol ut sol sol | FA – | la ut la fa | la ré la sol | la mi la

RÉ – | la fa la ut | la mi la si | la ré la la | si ut si la | sol la sol fa

mi fa mi ré | ut mi ré ut | ré sol | mi la | fa si | LA –
si si si si si si

si sol si ré | si fa si ut | si mi si | SOL – | ut mi sol mi | ré fa la fa
si

mi sol si sol | fa la ut la | sol si ré si | la ut mi ut | si ré fa ré

ut mi sol mi | ré fa la fa | MI – | la fa ré fa | sol mi ut mi | fa ré si ré
2/1

mi ut la ut | ré si sol si | ut la fa la | si sol mi sol | la fa ré fa

sol mi ut mi | fa ré ré | mi ut ut | ré sol si | ut fa mi la
si la si

sol ut si mi | RÉ | ré sol fa si | la ré ut fa | MI | mi la sol ut
3/1 3/1

si mi ré sol | FA | fa si la ré | ut fa mi la | SOL | la mi fa ut
3/1 3/1

ré la si fa | SI | sol ré mi si | ut sol la mi | LA | fa ut ré la
3/1 3/1

si fa sol ré | SOL | mi si ut sol | la mi fa ut | FA | ré la si fa
3/1 3/1

sol ré mi si | MI | ut sol la mi | fa ut ré la | RÉ | si fa sol ré
3/1 1

mi ut sol | UT | mi ré la | sol ut ré | fa mi si | la ré mi la
si sol 3/1 la sol si

ut sol fa ut | si mi fa | ré la sol ré | ut fa sol ut | mi si la mi
si

ré sol la ré | fa ut si fa | mi la si mi sol | ré ut sol | fa si ut ré | sol
3/1

Rhytme triangulaire, Quarts réduit en Sixièmes. le mouvement des Sons accéléré.

sol mi ut, mi ut sol | ut sol mi, sol mi ut | mi ut sol, ut sol mi

sol mi ut, mi ut sol ‖ MI 2 2 la fa ut, fa ut la | ut la fa, la fa ut

fa ut la, ut la fa | la fa ut, fa ut la ‖ UT 2 2 sol fa ré, fa ré si

si sol fa, sol fa ré | ré si sol, si sol fa | fa ré si, ré si sol

sol fa ré, fa ré si ‖ SOL 2 2 ut sol mi, mi ut sol | sol mi ut, ut sol mi

mi ut sol, sol mi ut | ut sol mi, mi ut sol ‖ MI 2 2 sol mi ut, ut sol mi

mi ut sol, sol mi ut ‖ mi ut sol, ut sol mi | sol mi ut, mi ut sol

ut sol mi, ut mi sol | ut ut sol, mi mi ut | sol sol mi, mi mi ut

ut ut sol, ut mi ‖ SOL ut mi sol, ut sol mi | ut mi la, ut la mi ‖

ré fa la, ré la fa ‖ ré fa si, ré si fa ‖ mi sol si, mi si sol ‖

mi sol ut, mi ut sol ‖ fa la ut, fa ut la ‖ fa la ré, fa ré la ‖

sol si ré, sol ré si ‖ sol si mi, sol mi si ‖ la ut mi, la mi ut ‖

la ut fa, la fa ut ‖ ut mi, la mi ut ‖ la ut fa, la fa ut ‖

ré fa, si fa ré ‖ ré sol, si sol ré ‖ fa ré si, sol si ‖

si ré sol, ré fa sol ‖ si ré fa, sol fa ré ‖ si sol fa, sol fa ré ‖

fa ré si, ré si sol ‖ ut mi sol, ut mi sol ‖ UT 3 1 ut mi sol, ut mi la ‖

ré fa la, ré fa si ‖ mi sol si, mi sol ut ‖ fa la ut, fa la ré ‖

sol si ré, sol si mi ‖ la ut mi, la ré fa ‖ si ré fa, si ré sol ‖

mi ut sol, mi sol mi ‖ UT 3 1 ‖

2.me PARTIE.

1re LEÇON.

Si mon Élève est arrivé au point d'intonner juste toutes les leçons précéden-tes ; je lui démontre la marche naturelle des Modulations ou changements de Toniques.

Je lui rappelle que l'écart de Quinte juste, à l'Aigu comme au Grave, est le plus harmonieux des intervalles. Je lui apprends dès lors, que c'est par lui qu'a lieu cette marche naturelle, qui amène alternativement les 12 Sons du Système ; à l'emploi de Son fondamental ; ainsi que la progression croissante du nombre des dièzes ; lors qu'en partant du Ton d'UT, on module à l'aigu ; et la semblable progression des bémols, lors qu'en partant de ce même Ton d'UT et toujours par ce même écart on module au Grave.

Je parviens à lui faire comprendre que de cette manière, la plus naturelle pour moduler résultent à la fois ; 1.º l'arrivée successive et la position immua-ble des dièzes et des bémols à la Clef ; 2.º le moyen de faire par leur secours, pas-ser tous les Sons, à la fonction de Tonique ; 3.º celui de conserver les rapports de Tons et demi-tons, à leurs places invariables dans l'échelle diatonique de l'Oc-tave.

Pour aider à la conception d'un Art aussi abstrait que la Musique ; j'ai dû non seulement chercher à en éclaircir et simplifier les principes ; mais à pouvoir encore les faire toucher au doigt dans toute l'acception du mot.

J'ai donc innové un Tableau à plaques suspendues, propre à toutes les dé-monstrations Théoriques (Voyez Pl: 5 ;) voici la manière dont je m'en sers.

La formule mobile des proportions du mode majeur ; adaptée à ce tableau ; porte les N.ºs de la série diatonique dans leur ordre naturel : je place son premier N.º qui est la Tonique, en rapport avec l'UT moyen du tableau et je fais observer à l'élève, que tous les Sons suspendus de cette Octave naturelle ; en conservant leur perpendicularité, sont en parfait rapport avec tous les N.ºs de la formule.

Si je place le 1.er N.º de cette formule avec le RÉ , il voit aussitôt qu'il faut dièzer 2 Sons. la pointe existant au dessous de leur plaque , s'introduit dans le
trou qui est à droite de celui ou elle était introduite et les rapports sont con -
servés.

Si je place ce N.º du mobile en rapport avec le MI ; il voit qu'il faut en dièser
quatre ; tandisque , si j'établis le rapport à la Quinte ascendante SOL ; il n'y
aura qu'un Son à dièzer.

La même épreuve faite par modulation descendante ne laissera plus aucun doute , que seulement à la Quinte au Grave de ce même UT ; on ne rencontrera qu'un
Son à bémoliser, introduisant alors la pointe de la plaque dans le trou à gauche
de celui ou elle était introduite.

Il est bon que l'Élève remarque encore que le 1.er Son dièzé est le FA, pour
entrer dans le Ton de SOL, Dominante du Ton d'UT que l'on quitte, est qui est
bien à la Quinte ascendante de cet UT ; puis, que le 1.er Son bémolisé est le SI,
pour entrer dans le Ton de FA ; sous-dominante et Quinte descendante de ce
même UT, précédemment Tonique (V.^{ez} Pl: 1, lett: C. D. Ton de SOL ; et lett: C. E, Ton
de FA.)

Il faut aussi lui faire observer, que dans le Tableau (Pl: 1,) la double série
(lett: B,) présente une succession Chromatique et générale de tous les Sons, et
que c'est d'elle que dérivent, l'Octave naturelle (lett: A,) placée en dessus ;
celle (lett: D,) dans le Ton de SOL, et celle (lett: E) dans le Ton de FA, placées
en dessous.

Il voit encore que la Sensible ou 7.me Son de l'Octave en SOL (lett: D) se rapporte au FA ♯ ; et que la sous-dominante, ou 4.º Son de l'Octave FA (lett: E) se
rapporte au SI ♭ de cette double série.

Pour faire suite à ma démonstration ; je fais chanter les huit N.^{os} des leçons
écrites en toutes lettres, sur SOL et sur FA ; mais dans leur Tonalité ; c'est à
dire, avec le FA ♯, pour les N.ºs 41, 42, 43, 44 (lett: E) Ton de SOL, et avec le
SI ♭, pour les N.ºs 35, 36, 37, 38, (lett: D ;) Ton de FA ; commençant et y entremê-
lant les N.ºs 15, 16, 17, 18, (lett: A) dans le Ton modèle et primitif d'UT, par lequel se termine cette Leçon.

2ᵉ. LEÇON.

Dans la leçon précédente, en suivant le système des modulations naturelles, l'élève a dû acquérir la certitude que l'écart de Quinte est leur seul principe, puisque c'est par son moyen seulement, que l'on rencontre le moins de mutations pour arriver au changement de la fondamentale.

Je lui fais suivre cette marche par dièzes jusqu'au nombre de sept, le faisant passer ainsi dans les six premiers Tons Toniques naturelles (UT, SOL, RÉ, LA, MI, SI,) et les deux derniers, Toniques diézes (FA, UT) (V.ᵉᶻ Pl: 6, 1ʳᵉ. et 2ᵉ. Colonne,) armement de la Clef par dièzes, et Pl: 8.)

Il me reste à lui prouver la régularité de cette marche; et j'ai pour cela un Tableau circulaire (V.ᵉᶻ Pl: 7, Cercle des dièzes) qui par le mouvement de rotation de son cercle de fond; produit l'apparition successive des Toniques dans l'ordre indiqué plus haut; à travers le jour N.º 1 ou 8 de ce cercle; ce qui lui fait mieux comprendre encore, les rapports qu'il a observés par la mutation des pendules à la planche 5.

Je lui fais chanter, en faisant ces démonstrations, les gammes et les divers accords de ces nouveaux Tons (V.ᵉᶻ Pl: 6 ; 4.ᵉ 5.ᵉ et 6.ᵉ colonnes.

Je me sers à cet effet des N.ºˢ suivants de mes 60 Leçons aux lettres, où se trouvent tous ces exercices qu'il n'a chantés en premier lieu; que dans la Tonalité d'UT.

En UT; N.ºˢ 15, 16, 17, 18 (lett: A;) en SOL; N.ºˢ 41, 42, 43, 44 (lett: E;) en RÉ; N.ºˢ 21, 22, 23, 24, (lett: B;) en LA; N.ºˢ 46, 47, 48, 49, (lett: F;) en MI; N.ºˢ 29, 30, 31, 32, (lett: C;) en SI; N.ºˢ 51, 52, 53, 54, (lett: G;) en FA♯; N.ºˢ 35, 36, 57, 58, (lett: D;) et en UT♯; N.ºˢ 15, 16, 17, 18 (lett: A;)

Il les chante alors dans leur Tonalité réelle, et j'ai soin de recommencer mes démonstrations à la Pl: 5 et à la Pl: 7; lorsque je lui fais changer de Ton; afin qu'à la Pl: 5, il puisse remarquer que les Sons de l'Octave désignés par ces signes, ♡. △. ◊. pour la formation des trois Accords dont nous avons parlé Pl: 1 et 2; ne font que changer de Sons, selon les Toniques nouvelles, conservant d'ailleurs leurs mêmes rapports entre eux et s'adaptant toujours aux mêmes degrés de l'Octave mobile. Comme dans 24 de ces 28 Exercices (Qui dans le premier emploi que j'en ai fait; ne passaient pas dans leurs véritables Tons d'après le Son principal;) je n'ai pu indiquer les Accords que par les lettres initiales P.S.Q. et D. et je n'ai du parler à l'élève de ces abréviations qu'au moment de les utiliser. Ces initiales sont donc pour ces 24 Nᵒˢ; les dénominateurs de Accords de ces nouveaux Tons.

Il voit par ces modulations ascendantes; que la Dominante du Ton que l'on quitte devient Tonique du Ton où l'on entre et que le dernier dièze appellé à la Clef; est toujours la Sensible de ce nouveau Ton.

La marche suivie par les dièzes, est la même par les bémols, mais suivie par modulations descendantes.

On rencontre, par elle une seule Tonique naturelle qui est FA; les six autres SI, MI, LA, RÉ, SOL, UT, sont des Tonique bémols (Vᵉⁿ Pl: 6, Armement de la Clef par bémols.)

L'Élève voit aussi qu'en modulant par Quinte au Grave; la Tonique du Ton que l'on quitte devient la Dominante du Ton dans lequel on entre; et que chaque nouveau bémol qui détruit la Sensible du Ton précédent, devient la Sous-dominante ou 4ᵉ Son de la nouvelle Octave; qui ne peut être qu'à la distance d'une Quarte juste de la Tonique de ce Ton nouveau.

Pour opérer avec fruit et précision sur ce que je viens de démontrer dans cette leçon; il faut qu'au préalable l'élève connaisse sans hésiter: non seulement la position des dièzes et des bémols comme il les voit (Pl: 8;) mais qu'il retienne encore leurs Nᵒˢ d'ordre d'arrivée à la Clef; parce qu'alors il comprendra que: si comme je l'ai dit; le dernier dièze arrivé représente le 7ᵐᵒ Son de l'Octave, rendu Sensible par son effet ascendant; la Tonique se trouvera toujours un degré en dessus de lui; ou que lui, se trouvera toujours un degré en dessous de la Tonique proposée.

Que si le dernier bémol représente le 4ᵉ Son de l'Octave; rendu Quarte juste, par son effet descendant; la Tonique se trouvera toujours trois degrés; c'est à dire à une Quarte en dessous de lui; ou que lui même se trouvera toujours 3 degrés, ou à une Quarte en dessus de cette Tonique.

D'après ces conclusions, si je demande à l'élève, avec 4♯ à la Clef, dans quel Ton se trouvera le morceau: sa réponse sera en MI, parce que, connaissant leur position invariable, il sait que le 4ᵉ arrivé est RÉ montant par la pensée d'un degré de ce RÉ, il trouvera MI pour Tonique.

Si je lui demande l'inverse: c'est à dire pour qu'un Air soit en MI, ce qu'il faut à la Clef, il répondra 4 ♯; en descendant par la pensée d'un degré de ce MI sur RÉ, qu'il sait être le 4.ᵉ dièze.

Si je lui demande; avec un bémol, dans quel Ton sera un morceau; sa réponse sera en FA.

Si la question est inverse; il répondra que pour être en FA; le seul et dernier bémol posé à la Clef, sera SI, qui se trouve à la Quarte à l'aigu de cette Tonique FA.

Si la question se rencontre sur plusieurs bémols posés à la Clef, la Tonique sera toujours l'avant dernier de ces bémols. Si la question est inverse, c'est à dire que si la Tonique est désignée comme un Son bémol; il suffira pour la résoudre d'ajouter à la Clef, le bémol suivant, d'après l'ordre de leur position.

Ainsi, si l'on demande avec trois ♭, quel sera le Ton, l'élève répondra; en MI ♭, qui est l'avant dernier.

Si la Tonique proposée est MI ♭, qui est le 2.ᵉ posé à la Clef; sa réponse sera 3 ♭, SI, MI, LA.

Puisque d'une Tonique à celle qui lui succède, il y a une Quinte juste, tous les Sons de la gamme primitive, sont à une Quinte juste de ceux qu'elle engendre, soit à l'aigu, soit au grave. C'est par la même raison que les dièzes et les bémols arrivent tous de quinte en quinte dans l'armement de la Clef.

Comme il est reconnu qu'une bonne organisation, ainsi qu'une bonne éxécution, sont le résultat des connaissances approfondies de la Théorie; je ne dois pas craindre de multiplier les moyens de faciliter sa conception.

Ces moyens ne pouvant qu'alléger le travail et diminuer de beaucoup la grande aptitude qui finit ordinairement par rebuter l'élève le plus persévérant; surtout pour l'étude du Piano et autres instruments dont la musique est toujours compliquée, tant par la lecture de deux parties à la fois, que par les divers Accords qui s'y rencontrent; ainsi le commencement de la leçon suivante, est destiné à traiter d'une autre manière, le sujet de celle ci.

3.me LEÇON.

Je laisse à l'Élève la faculté de choisir à sa volonté (à l'exception du FA) un des six autres Sons suspendus à la Pl: 5 ; afin de le rendre dièze.

Cela fait, quelque soit le Son qu'il mette en rapport avec la Tonique ; premier N.° de la formule mobile du Mode majeur adaptée à cette planche ; il ne pourra rencontrer aucune position qui puisse établir un rapport exact entre tous les Sons et tous les N.ᵒˢ d'ordre des degrés Diatoniques de cette formule.

Mais, s'il dièze le FA ; ce ne sera que sous le SOL pris pour Tonique ; qu'il rencontrera la même concordance entre les Sons et les N.ᵒˢ que dans la gamme d'UT.

Il restera donc convaincu que le FA seul pouvait être le 1.ᵉʳ dièze ; et que le Ton de SOL majeur ; devait seul résulter de ce 1.ᵉʳ armement de la Clef par dièzes.

Cette même épreuve faite depuis 1 jusqu'à 6 dièzes et depuis 1 jusqu'à 6 bémols toujours avec transgression aux principes : démontrera suffisamment la stabilité de cet ordre, et que le SI pour les dièzes, et FA pour les bémols ; peuvent seuls résulter d'un septième armement.

4.me LEÇON.

Il faut que l'Élève sache qu'il serait possible de noter toute la musique par dièzes, ou toute par bémols.

Ceci s'appelle le système exagéré ; mais ce système trop amplifié par rapport à l'éxécution instrumentale ; embrouillerait le musicien le plus versé dans son Art et d'ailleurs, les moyens de simplifier connus, on a dû les préférer.

Voici néanmoins l'exposé de ce système suivant l'une et l'autre manière ; présenté d'après une succession de Sons séparés par les plus petits intervalles.

EXPOSÉ

Par marche ascendante chromatique; emploi des dièzes ♯ et doubles dièzes 𝄪

Nota? (Ce 1er. Exemple se vérifiera en te lisant du bas en haut.)

En	Note		Description	A.	B.	C.
	SI	♮	5 Dièzes.	6	8	12
	LA	♯	3 Doubles dièzes et 4 simples, égal 10 simples.	11	3	11
	LA	♮	5 Dièzes.	4	10	10
	SOL	♯	1 Double dièze et 6 simples, égal 8 simples.	9	5	9
	SOL	♮	1 Dièze.	2	12	8
	FA	♯	6 Dièzes.	7	7	7
	MI	♯	4 Doubles dièzes et 5 simples, égal 11 simples.	12	2	6
	MI	♮	4 Dièzes.	5	9	5
	RÉ	♯	2 Doubles dièzes et 5 simples, égal 9 simples.	10	4	4
	RÉ	♮	2 Dièzes.	3	11	3
	UT	♯	7 Dièzes.	8	6	2
En	UT	♮	Tout naturel.	1	1	1

Par marche descendante chromatique; emploi des bémols ♭ et doubles bémols 𝄫
(Ce 2e. Exemple se lit du haut en bas.)

En	Note		Description	B.	A.	C.
En	UT		Tout naturel.	1	1	1
	UT	♭	7 Bémols.	8	6	12
	SI	♭	2 Bémols.	3	111	11
	SI	♭♭	2 Doubles bémols et 5 simples, égal 9 simples.	10	4	10
	LA	♭	4 Bémols.	5	9	9
	LA	♭♭	4 Doubles bémols et 3 simples, égal 11 simples.	12	2	8
	SOL	♭	6 Bémols.	7	7	7
	FA	♮	Bémol.	2	12	6
	FA	♭♭	1 Double bémol et 6 simples, égal 8 simples.	9	5	5
	MI	♭	3 Bémols.	4	10	4
	MI	♭♭	3 Doubles bémols et 4 simples, égal 10 simples.	11	3	3
	RÉ	♭	5 Bémols.	6	8	2

4⁶

Les deux séries (lett: A . B et B . A.) de douze N.^{os} en regard de chaque Son de ces gammes Chromatiques, sont pour indiquer 1.° celle lettre A la succession harmonique des Tons par modulation à l'Aigu ; 2.° celle lettre B la même succession par modulation au Grave ainsi quelles sont écrites sur les 12 rayons de la figure spirale (Pl: 10) 3.° les douze N.^{os} écrits à l'extrémité de la page lettre C, sont ceux des Sons de l'échelle Chromatique aux quels appartiennent toutes ces Toniques ; qui d'après ce système, paraissent la plupart comme dièzes, ou comme doubles bémols .

En opérant leur dépouillement par l'écart naturel de Quinte, l'élève voit encore que les 12 Sons du système, arrivent tour à tour ; suivant ces N.^{os} à l'emploi de Tonique .

On aurait donc pu suivre l'une ou l'autre de ces deux marches, Ascendante par dièzes et doubles dièzes ; ou Descendante par bémols et doubles bémols , pour noter toute la musique .

J'en fais faire l'essai à l'élève par modulation ascendante à la Pl: 9, en adaptant la pointe de la flèche de sa formule mobile percée à jours ; à la ligne A , pour les 6 premiers Tons, toniques naturelles: UT, SOL, RÉ, LA, MI, SI .

Arrivé à la 6.e modulation qui donne le 7.e Ton de FA♯ ; je lui fais adapter la flèche à la ligne B , pour trouver les justes proportions de ce Ton pour lequel il faut le MI♯, qui ne peut être produit que par le FA naturel .

De là, modulant une septième fois, il rencontre le Ton d'UT♯, dans lequel tous les Sons sont dièzes: mais comme le SI, dernier dièze est aussi produit par l'UT naturel ; après le lui avoir observé et lui en avoir fait comprendre la raison qui se démontre au Tableau (Pl: 5) ou il voit que le MI et le SI, ne peuvent être haussés d'un ½ Ton par le mouvement des pendules ; sans que ces 2 Sons ne viennent prendre la place du FA et de l'UT naturels : je lui fais poser la formule a la ligne C , pour faire disparaitre ces 2 Sons naturels reconnus homogènes à ces deux derniers dièzes .

Si à partir de ce Ton il descend perpendiculairement la flèche de cette formule, sur la ligne D, il voit que le Ton d'UT♯ est homogène à celui de RÉ♭, que ce dernier est préférable à l'autre pour sa simplicité puisqu'en remettant le FA et l'UT dans leur état naturel ; ce Ton substitué au premier, ne comporte plus que cinq altérations au lieu de sept ; cependant on note par ces deux moyens.

De cette nouvelle ligne, je lui fais continuer les modulations, et la huitième lui donne le neuvième Ton de SOL♯, homogène a LA♭, et qui nécessite l'emploi du premier double dièze, pour sensibiliser le FA déjà dièze et ce FA♯ ne pouvant se former que sur SOL♮ ; il est donc plus simple de se servir du Ton de LA♭, qui remet trois Sons dans leur état naturel ; FA, UT, SOL : et qui décroit en nombre ses altérations, en raison proportionnelle de ce que l'autre les augmente.

Cependant il continue cette marche par dièzes, et il rencontre les Tons de RÉ♯ dixième Ton, homogène de MI♭ ; de LA♯ onzième Ton homogène de SI♭ ; de MI♯ douzième Ton, homogène de FA♮, dont la Quinte est l'UT♮ qui finit le tour de ces modulations.

Dans ces quatre derniers Tons♯ ; SOL, RÉ, LA, MI, les ♯ augmentent nécessairement de nombre, en raison de la disparition des bémols puisque les 4 ♯ ; FA, UT, SOL, RÉ, ne peuvent être comme on le voit à cette planche 9 ; que SOL, RÉ, LA et MI naturels, qui sont bien les quatre Sons, sur lesquels portent d'un à un la suppression de ces 4 bémols, et cela toujours pour rendre sensible le septieme Son de l'Octave nouvelle.

Ainsi comme je l'ai dit plus haut, on pourrait noter toute la musique par dièzes ; ce système donne quatre Toniques ♯ de plus que le système suivi ; RÉ♯, MI♯, SOL♯, LA♯, et l'emploi de ces 4 ♯, pour la formation des Sensibles.

La même épreuve a lieu par modulation descendante en adaptant la flèche de la formule à jours à la ligne E ; les cinq premières modulations lui donnent les Tons d'UT et de FA naturels, puis de SI, MI, LA, et RÉ bémols.

Arrivé à la sixième qui donne le Ton de SOL♭ ; je lui fais observer que l'i sixième bémol n'est autre que SI♮.

Modulant une septième fois il rencontre le Ton d'UT♭, ou tous les Sons son bémolisés ; et dont le FA, 7ᵉ ♭ ne peut être non plus qu'un MI♮ par les mêmes causes que celles que je lui ai expliquées pour les deux derniers dièzes.

Cette homogénéité reconnue ; je lui fais adapter la formule sur la ligne D ; pour que cette Octave lui apparaisse toute composée de Sons bémols, comme

elle l'est effectivement; et lui cache les deux Sons naturels qui y figureraient
inutilement en restant sur la ligne F.

S'il descend perpendiculairement la formule sur la ligne F, il reconnaitra que
ce Ton est l'homogène de SI♮, qui ne comporte que cinq altérations; puis conti-
nuant sur cette ligne la marche des modulations, il rencontrera les Tons de FA♭
homogène de MI♮; de SI♭♭ homogène de LA♮; de MI♭♭ homogène de RÉ♮; de LA♯♯
homogène du Ton de SOL♮ dont la Quinte est l'UT♮ d'ou l'on est parti.

L'on doit néanmoins observer et convenir, que malgré la grande simplification
que nous venons de reconnaitre dans nôtre système comparé à celui exagéré: ce
dernier serait plus conforme aux règles données par la nature pour la marche des
modulations: puisque nous avons vu (1re. Partie, 3e. Leçon;) que l'intervalle d'un 1er. à
un 5e. degré, prenait le nom de Quinte, et que nous savons (2e. Partie, 1e. Leçon)
que c'est par cet écart que s'éffectue cette marche, alors nôtre manière beaucoup moins compliquée il est vrai, nous oblige de changer subitement le nom
de ce FA♯ en celui de SOL♭, par une substitution enharmonique; ou d'opérer
la 6e. modulation par un intervalle qui devient réellement une Sixte diminuée,
parceque les 6 degrés à parcourir (FA♯, SOL, LA, SI, UT, RÉ♭,) présentent bien
une Sixte.

Tandisque par le système exagéré; le compas ouvert à cette distance de Quinte juste; parcourt sans s'arrêter les 12 distances qui divisent le cercle du Tableau (Pl: 10) pour arriver par 13 points à celui d'ou il est parti, en conservant à chacun de ces points le nom qu'il doit avoir par rapport au nombre de
degrés qu'il faut compter de l'un à l'autre pour constituer cet écart. Aussi;
ce système de grande rigueur n'a-t-il été traité qu'en supposition de possibi-
lité, par quelques savants commentateurs géomètres; de qui toutes les recher-
ches, et supputations ne peuvent tendre qu'à un but positif de vérités évidem-
ment prouvées.

Mais comme cette rigoureuse observation d'exactitude, aurait plus que dou-
blé les difficultés de l'Exécution et que d'ailleurs le système suivi se trouve régularisé par le changement du 7e. Ton soit de FA♯ en SOL♭ ou de SOL♭
en FA♯, aucune innovation à mon avis ne saurait être plus avantageuse
quoique plus exacte sous le rapport scientifique de cet Art.

Donc nous concluons; que malgré l'évidence prouvée que, l'on pourrait noter aussi toute la musique par bémols dont 3 doubles ♯ seraient pris pour Toniques, (SI , MI , LA ♯) on ne le fait pas par principe de simplification .

Dans l'inspection attentive du Tableau (Pl: 9) les simplifications et amplifications relatives à la manière d'écrire la musique s'y découvrent d'elles mêmes, mais comme une explication aidera l'élève, je dois lui dire

La figure 1re indique les Nos des 12 Sons Chromatiques aux quels les Sons des autres figures correspondent

La figure 2, l'échelle diatonique, ou les 7 Sons de la Gamme naturelle , en double série.

La figure 3, les Sons dièzes, dont 2 seulement(SI et MI)écrits en haut sont l'identité parfaite de l'UT et du FA♮ de la figure 2 .

Figure 4, les Sons bémols homogènes aux Sons dièzes de la figure 3 mais dont deux(FA et UT) sont l'identité parfaite de (MI et SI♮) de la figure 2 .

Dans cette figure 4; les Sons naturels , RÉ, FA, SOL, LA, UT, RÉ, MI, FA, SOL, LA : qui sont écrits plus bas que les Sons bémols, sont destinés a suppléer aux mêmes Sons ♮ naturels de la figure 2, lorsqu'elle se trouve couverte par la formule à jours , dans les diverses mutations qui ont lieu .

Figure 5, les doubles dièzes, UT, RÉ, FA, SOL, homogenes aux Sons♮ ; RÉ, MI, SOL, LA, de la figure 2 .

Figure 6, les doubles bémols, MI, LA, SI, RÉ, écrits au bas de cette figure dont le haut est rempli par la répétition des Sons bémols simples de la figure 4. Ces 4 doubles bémols sont comme je l'ai dit les homogènes des Sons naturels RÉ, SOL, LA, UT de la figure 2 .

Enfin la figure 7 un Clavier dont les touches correspondent toutes aux divers Sons du Tableau et qui peut aider sur le Piano à l'étude de toutes ces Gammes .

5ᵐᵉ. LEÇON.

J'ai prouvé à mon Élève dans la précédente Leçon; que pour simplifier l'Art musical, on a rejeté tout le système exagéré ; c'est à dire que
dès qu'on arrive au Ton qui nécessite l'emploi du 7ᵉ ♯, ou du 7ᵉ ♭; on se
sert de son homogène qui ne nécessite plus qu'un emploi de 5 ♭, ou de 5 ♯.

J'ai cru bien faire de lui en donner un Tableau (Voyez Pl: 10.) Les Tons
écrits en gros romain sont les Tons préférés : ceux écrits en petit romain
sont les Tons exagérés et par conséquent rejetés .

Le rayon, c'est à dire la ligne, qui du centre aboutit au bord de la spirale
porte le Ton dièze et son homogène bémol, ou le Ton bémol et son homogène dièze, ainsi que les numéros de ces Tons, en suivant l'ordre naturel des
modulations .

Alors en modulant à l'Aigu; il prendra les Nᵒˢ les plus éloignés du centre de cette figure ; en modulant au Grave il prendra les plus rapprochés;
je veux dire qu'en partant du Ton d'UT ♮, 1ᵉ Ton modulant à l'Aigu, SOL
devient 2ᵉ Ton, RÉ 3ᵉ LA 4ᵉ etcᵃ

Tandis que modulant au Grave c'est FA qui devient 2ᵉ Ton, SI ♭ 3ᵉ Ton,
MI ♭ 4ᵉ Ton etcᵃ.

Les douze Sons du système prennent donc l'emploi de Tonique par modulation de Quinte juste Aigue ou Grave. mais par modulation de Quinte
à l'aigu, arrivé à la 6ᵉ qui donne le Ton de FA ♯ pour achever le tour sans
passer à l'exageré, il faut considérer ce FA ♯ comme SOL ♭, son homogène,
répéter l'exercice dans ce Ton substitué; qui se compose exactement des
mêmes Sons, mais considérés comme bémols dont la suppression successive
pour établir les sensibles nouvelles, conduit au Ton d'UT naturel, point de
départ et de résolution des modulations, et de la distribution harmonique
de ces douze Tons sur cette courbe en spirale .

Si au contraire on module au grave arrivé au Ton de SOL ♭ il faut aussi
le considérer comme FA ♯ ; répéter l'exercice dans ce Ton substitué à son
homogène bémol et continuer la marche par dièze. Leur disparition successive
continuera d'établir les sous-Dominantes nouvelles, et achèvera le tour des
modulations.

Il sera bon pour cette démonstration de suivre en même temps toutes ces mutations de Sons, sur le Tableau à pendules (Pl: 5) et sur celui des deux cercles à jours (Pl: 7.)

Les sept Séries de numéros de un à douze qui environnent ce tableau (Pl: 10) sont ceux de l'Échelle Chromatique aux quels se rapportent tous ces Tons tel que.

TABLEAU des 12 Tons du mode majeur.			ÉCHELLE CHROMATIQUE
N.ᵒˢ des Séries Chromatiques.	TONIQUES.	N.ᵒˢ des Sons Chromatiques harmoniquement dispersés.	par degrés successifs ; c'est à dire séparés par le plus petit intervalle ; qui n'est que d'un ½ Ton.
1ʳᵉ Série	En UT	1	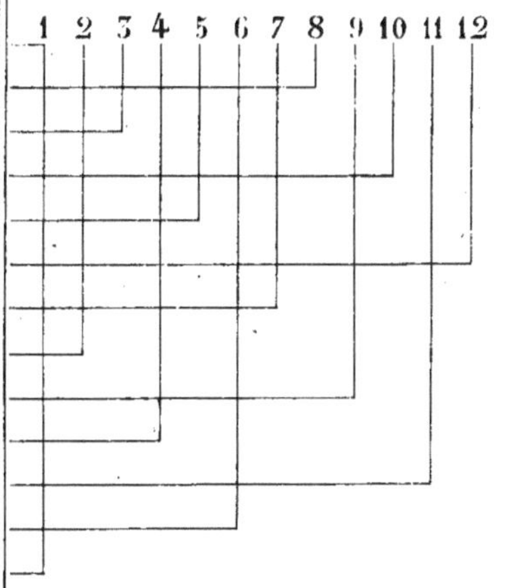 1 2 3 4 5 6 7 8 9 10 11 12
idᵐ	" SOL	8	
2ᵉ Série	" RÉ	3	
idᵐ	" LA	10	
3ᵉ Série	" MI	5	
idᵐ	" SI ou UT ♭	12	
4ᵉ Série	" FA♯ ou SOL♭	7	
5ᵉ Série	" UT♯ ou RÉ♭	2	
idᵐ	" LA♭	9	
6ᵉ Série	" MI♭	4	
idᵐ	" SI♭	11	
7ᵉ Série	" FA	6	
1ʳᵉ Série	En UT	1	

3.ᵐᵉ PARTIE.

1.ʳᵉ LEÇON.

Me voici presqu'au terme de la Théorie, en ce qui concerne le mode primitif. J'ai mis graduellement sous les yeux de l'Élève, toutes les mutations de Sons propres à ce mode, en employant divers moyens pour aider à sa mémoire et sa conception.

Il est au fait de sa Tonalité puisqu'il connait la manière de changer de Ton; c'est à dire, de passer d'un Ton à un autre, sans rien déranger aux proportions de l'Octave: proportions qui caractérisent ce mode et conservent invariables ses huit degres dans tous les Tons, par le secours des differents armements de la Clef.

Maintenant il me reste à lui faire connaitre les quantités ou valeurs positives des Sons; celles négatives ou muettes; la manière de les présenter à l'œil par d'autres signes que leurs syllabes; la connaissance du mode mineur; et ses rapports avec celui majeur sur lequel nous avons opéré; et enfin les deux procèdés pour règler la durée des quantités et la régularité des mouvements; (ce qui embrasse toute la partie Rhytmique) seuls et uniques moyens pour maintenir un ensemble parfait dans l'éxécution de tous les genres de musique; quelque soit le nombre des exécutants. Voilà quel sera le sujet de cette troisième et dernière partie.

Si les diverses longueurs ou durées des Sons, se réduisaient à un aussi petit nombre de valeurs différentes que celles des syllabes longues et brèves reconnues dans le langage; et que chaque syllabe n'eut dû s'adapter qu'à un seul Son; la musique aurait pu s'écrire par les chiffres de 1 à 7, pour désigner les Sons, UT, RÉ, MI, FA, SOL, LA, SI; ou simplement par leurs lettres; comme j'ai écrit les 60 premières leçons, ainsi que la majeure partie des Tableaux de cet ouvrage.

Mais à mesure que les peuples croissaient en civilisation, la musique faisait un pas, et ils sentirent bientot le besoin d'accroitre le petit nombre de durée des Sons, qui jusqu'alors avait pu suffir pour le genre de musique dont les Chants religieux nous laissent encore un souvenir.

Les différentes valeurs des Sons, se bornaient à trois ou quatre.

Chaque jour l'on remarquait avec peine qu'il devenait inpossible d'indiquer assez promptement à l'œil avec aussi peu de signes ; les diverses durées de Sons de temps muets ou silences, dont l'Art avait besoin pour atteindre plus de perfection et de vivacité. C'est à ce grand obstacle que nous devons petit à petit, l'ingénieuse invention des figures suivantes.

VALEURS SIMPLES, et décroissantes de moitié en moitié.

⊟ la Double Ronde	presque inusitée aujourd'hui			
o la Ronde	la plus longue de celles conservées par l'usage ; considérée comme un entier, pour toutes les divisions des Quantités parlantes ou muettes.			
	Les six suivantes sont ses parties aliquotes, savoir ?			
♩ la Blanche	Qui en vaut la moitié	½	en Valeurs muettes, la ½ pause	
♩ la Noire	le quart	¼	id.ᵐ	le Soupir
♪ la Croche	le huitième	⅛	id.ᵐ	le ½ Soupir
♪ la Double Croche ...	le seizieme	¹⁄₁₆	id.ᵐ	le ¼ de soupir
♪ la Triple Croche ...	le trente deuxieme	¹⁄₃₂	id.ᵐ	le ⅛ de soupir
♪ la Quadruple Croche	le soixante quatrieme	¹⁄₆₄	id.ᵐ	le ¹⁄₁₆ de soupir

A partir de la ⊟ double ronde, jusqu'à la ♪ triple croche, inclusivement, chacune de ces sept Valeurs simples, peut devenir Valeur composée et s'augmenter de la moitié en sus de sa valeur primitive par le moyen d'un point posé à sa suite immédiate, et à partir de la ronde o à la double croche ♪ ; cette augmentation peut être des trois quarts, par le moyen d'un second point.

En total, 20 Valeurs différentes ; représentées par huit figures et leurs points augmentatifs.

Dans les valeurs muettes, ces augmentations par le moyen des points, ne peuvent avoir lieu qu'à partir du soupir au huitième de soupir, et ce dernier ne peut recevoir qu'un seul point d'augmentation. (Voyez attentivement le Tableau suivant, pour tout ce qui vient d'être dit sur les Quantités.)

R *

TABLEAU général de toutes les Valeurs positives et négatives, simples et composées, par progression réductive, à partir de la ▯• double ronde pointée valant 192 qaudruples croches ♪ ; à cette même ♪ qui représente la plus petite valeur autrement dit le ¼₄ de la ronde simple ○

VALEURS PARLANTES.					EN VALEUR MUETTE.	
la double Ronde avec un point valant	192 ♪	192/64	64mes = de ○ Ronde			
la double Ronde simple	128 ″	128	id^{m}	id^{m}		
la Ronde avec 2 points	112 ″	112	id^{m}	id^{m}		
la Ronde avec 1 point	96 ″	96	id^{m}	id^{m}		
la Ronde simple	64 ″	64	id^{m}	id^{m}		
la Blanche avec 2 points	56 ″	56	id^{m}	id^{m}		
la Blanche avec 1 point	48 ″	48	id^{m}	id^{m}		
la Blanche simple	32 ″	32	id^{m}	id^{m}	½ Pause	
la Noire avec 2 points	28 ″	28	id^{m}	id^{m}	Soupir	
la Noire avec 1 point	24 ″	24	id^{m}	id^{m}	id^{m}	
la Noire simple	16 ″	16	id^{m}	id^{m}	id^{m}	
la Croche avec 2 points	14 ″	14	id^{m}	id^{m}	½ Soupir	
la Croche avec 1 point	12 ″	12	id^{m}	id^{m}	id^{m}	
la Croche simple	8 ″	8	id^{m}	id^{m}	id^{m}	
la double Croche avec 2 points	7 ″	7	id^{m}	id^{m}	¼ de Soupir	
la double Croche avec 1 point	6 ″	6	id^{m}	id^{m}	id^{m}	
la double Croche simple	4 ″	4	id^{m}	id^{m}	id^{m}	
la triple Croche avec 1 point	5 ″	5	id^{m}	id^{m}	⅛ de Soupir	
la triple Croche simple	2 ″	2	id^{m}	id^{m}	id^{m}	
la quadruple Croche simple	1 ″	1/64	de Ronde ○		⅟₁₆ de Soupir	

2me. LEÇON .

Il est à présumer que l'étendue des premiers Clavecins a été basée sur le nombre
de Sons diatoniques que comporte l'étendue des voix ordinaires des deux sexes.

Cette étendue est de 23 Sons naturels (V^{ez} Pl: 11.) La voix mâle s'étend du FA grave de ce clavier à son 3e. SOL et la voix feminine, du 2e. FA à son SOL aigu. Chcune
de ces voix a seize Sons, parmi lesquels, neuf sont communs aux deux sexes, ce
sont ceux à partir du 2e. FA, au 3e. SOL (V^{ez} Pl: 11 lett: M. L.)

Comme l'ancienne musique ne comportait pas une étendue de Sons aussi grande que la nôtre; GUY d'Arezzo se servait de 6 lignes pour noter les chants qu'il
composait ; plus tard il ne se servit plus que de 4 lignes en notant alors dans les es-
paces, et 2 de ces lignes marquées en rouge et en vert, lui servaient à reconnaitre,
la premiere le FA, la deuxieme l'UT. Ces lignes se haussaient ou s'abaissaient suivant l'élévation du chant et servaient à reconnaitre les autres Sons.

Longtemps après lui on reconnut l'embarras de ces divers changements et pour
y remedier on eut recours à l'invention d'un Clavier composé de onze lignes et
sur lequel on put écrire les 23 Sons naturels dont j'ai parlé plus haut (V^{ez} Pl: 11)

Le Clavier est donc une portée générale ou somme des Sons de tout le Système.

Alors, on inventa un signe que l'on nomma Clef, que l'on posa sur la ligne
centrale du Clavier qui porte le premier Son de la Gamme naturelle, connu sous
le nom d'UT, d'ou la Clef prit le nom de Clef d'UT. Ce fut le nouveau moyen de
reconnaitre les Sons (V^{ez} Pl: 11, Lett: D.)

Consideré comme le générateur du système, ce Son determina la naissance
d'une Octave Aigue et d'une Octave Grave.

Cependant, pour noter ces deux Octaves, ou seulement l'une ou l'autre ; il
fallait encore plus de lignes que l'œil n'en pouvait embrasser, on convint donc
generalement d'en prendre çinq dans l'etendue du Clavier. L'on choisit les cinq
lignes du milieu par rapport à la position centrale de la Clef nouvelle ; et l'on
se servit de lignes supplémentaires, soit en dessus, soit en dessous pour noter
les Sons qui ne pouvaient se noter sur ce peu de lignes dont l'ensemble fut nommé Portée, (V^{ez} Pl: 11, Lett: F G)

Par elle même cette portée ne put servir qu'à la notation de 11 Sons (V^{ez}

Pl: 11) du 1.ᵉʳ MI. au 3.ᵉ LA (Leu HI). mais une ligne supplémentaire ajoutée en dessus et une en dessous firent que l'on put y noter deux Octaves en UT (v.ᵉᶻ Pl: 11 du 1.ᵉʳ au 5.ᵉ UT : lett: J K.)

Trop limité encore pour la notation des voix aigues, et s'etant bientot apperçu qu'on ne pouvait noter l'Octave du 3.ᵉ au 4.ᵉ SOL (v.ᵉᶻ Pl: 11.) engendrée par l'UT médium, comme la 1.ʳᵉ modultion ascendante, sans le secours de trois lignes supplementaires en dessus, on créa une 2.ᵉ Cléf qui prit le nom de Cléf de SOL et qui posée sur la 8.ᵉ ligne des 11 du Clavier, portant ce Son ; c'est à dire à la Quinte à l'aigu de la Cléf d'UT (v.ᵉᶻ Pl: 11 lett: L ;) détermina le choix d'une nouvelle portée dans les cinq plus hautes lignes du Clavier, et l'on put facilement noter l'octave de la première modulation ascendante sans le secours d'aucune lignes supplémentaires, (v.ᵉᶻ Pl: 11, lett: OO.)

Ayant fait ce raisonnement pour la modulation à la quinte aigue, il fut tres naturel de le faire pour la modulation à la quinte grave, on créa donc une troisième Cléf qui fut posée sur la quatrième ligne du Clavier, c'est à dire à la quinte grave de la Cléf d'UT, et qui prit le nom de Cléf de FA, par la raison que cette ligne portait ce son.

Comme celle de SOL, elle determina le choix des cinq lignes basses du Clavier pour une troisième portée, et l'on put y noter l'Octave à la Quinte grave, c'est à dire, du premier au deuxieme FA avec la même facilité qu'on avait noté à la Quinte aigue par le moyen précité (v.ᵉᶻ Pl: 11 lett: N N)

La Cléf de FA a donc pris les cinq lignes basses du Clavier, N.ᵒ 1, 2, 3, 4, 5, c'est pour cela qu'elle sert à la notation des voix et instruments graves, et de la partie de la main gauche du Piano et de la Harpe.

La Cléf d'UT a pris les cinq lignes du médium du Clavier, N.ᵒ 4, 5, 6, 7, 8, elle sert par la même raison, à la notation des voix et instruments du médium.

La Cléf de SOL a pris les cinq lignes hautes du Clavier, N.ᵒ 7, 8, 9, 10, 11, elle sert par conséquent à la notation des voix et instruments aigus, et de la partie de la main droite des instruments à une partie différente pour chaque main.

Il faut aussi faire remarquer à l'Élève que ces trois Cléfs posées sur les 4.ᵉ 6.ᵉ et 8.ᵉ lignes de ces onze ; se trouvent placées de Quinte en Quinte dans l'echelle du Clavier.

5.ᵉ LEÇON.

Les leçons précédentes, ont déja convaincu l'élève que la musique ne pouvait s'écrire par des moyens plus intelligibles que par des signes de durées ou valeurs, dont j'ai donné le Tableau et que l'on nomme Notes pour les valeurs parlantes et Silences ou Temps muets pour les valeurs muettes.

Que ces notes ne pourraient se lire avec facilite si l'on n'eut fait choix pour les placer graduellement, de cinq lignes dans l'etendue du Clavier qui pussent déterminer leurs divers dégrés d'elevation dans le système general des Sons, et enfin, si l'on n'eut pas inventé un signe que l'on nomme Cléf, pour qu'on put les reconnaitre dans chaque nouvelle Portée.

EXEMPLES

De ces trois premiers Tons, d'UT, de SOL et de FA: les deux derniers ayant celui d'UT pour generateur, on les fera chanter à l'élève dans l'ordre indiqué par leurs N.ºˢ d'un à 5.

Si dans le principe on eut suivi rigoureusement dans la notation les rapports réels d'élévation dans les voix, comparativement au Clavier; on ne pourrait écrire la musique pour la voix masculine que par la Cléf de FA et la Cléf d'UT, et pour les voix féminines, que par la Cléf d'UT et la Cléf de SOL.

Mais l'usage a consacré l'emploi de ces trois Cléfs indifféremment, surtout pour le moyen de Transposition a vue.

Suit un chant noté dans ces trois premiers Tons, avec l'emploi des trois Cléfs et des trois premières portées. Pour faciliter la lecture; il ne s'y trouve que des intervalles de Secondes et de Tierces.

Nota? L'élève n'ayant encore aucune notion de la mesure dans l'execution de la musique, il faudra, pour qu'il chante avec régularité les numéros suivants, lui donner pour terme de comparaison le mouvement d'un balancier de pendule, qu'il prendra pour la durée de valeur de la Note la plus brève. Or, la Blanche ♩· pointée vaudra trois mouvements la Blanche ♩ simple deux; la Noire ♪ un. Il faut que ce compte soit mental, afin que l'esprit de plusieurs éxécutants soit réunit en un seul; et le maître au besoin, en frappera quelques uns.

N.° 62.

N.° 64.

R *

on reprend pour finir, le n.° 65.

4ᵉ. LEÇON.

L'élève a vu dans la leçon précédente qu'un chant peut se noter de trois manieres differentes, il faut encore lui apprendre qu'il peut se noter de sept, par le moyen d'une autre
position pour la Cléf de FA, et de trois autres positions pour la Cléf d'UT (v.ᵉᶻ Pl: 11) et
l'exemple suivant.

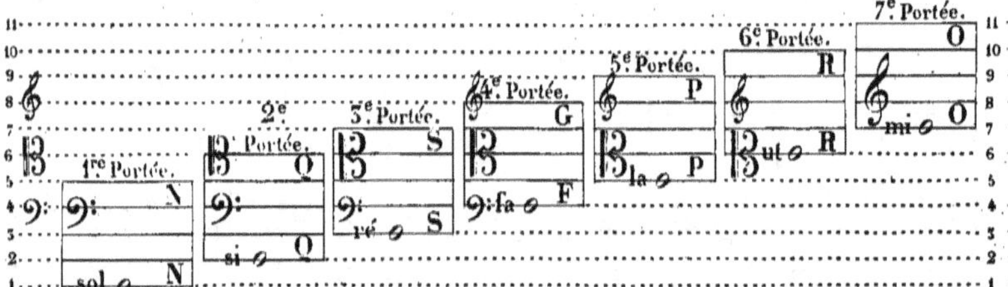

La première de ces sept portées, Cléf de FA quatrième ligne (Pl: 11, lett: NN,) la deuxième
Cléf de FA troisième ligne (Pl: 11, lett: QQ;) la troisième Cléf d'UT quatrième ligne (Pl: 11,
lett: SS;) la quatrième Cléf d'UT troisième ligne (Pl: 11, lett: FG;) la cinquième Cléf d'UT
deuxième ligne (Pl: 11, lett: PP;) la sixième Cléf d'UT première ligne (Pl: 11, lett: RR;) la
septième Cléf de SOL deuxième ligne (Pl: 11, lett: OO.)

Je lui fais remarquer que quoi que ces Cléfs changent de lignes en apparence, elles
n'en changent pas en effet; que seulement on a fait pour chacune d'elles un nouveau choix
de cinq lignes prises dans cette portée generale du Clavier (Pl: 11.)

La première ligne de chaque nouvelle Portée, produite par la position des Clefs,
porte tour a tour les sept notes de la Gamme échelonnée comme on peut le voir de
Tierce en Tierce du Grave à l'Aigu: en effet; de la première à la septième Portée; on
rencontre, SOL, SI, RÉ, FA, LA, UT, MI. Tous les moyens de Transposition à vue sont donc ren-
fermés dans cette manière de choisir la portée, Or, dans quel Ton que soit écrit le morceau de musique que l'on veut où que l'on doit chanter; on peut donc, lui supposant une
autre Cléf; le chanter dans un autre Ton, si cela est plus convenable; on est même souvent obligé de le faire dans la partie instrumentale ; c'est la ce qui constitue le bon
Musicien.

Dans le tableau (Pl: 11) les sept portées échelonnées dans un ordre different que
dans l'exemple précédent, sont ainsi disposées pour que l'élève comprenne, 1°, que l'on

pourrait noter la première portée sur les trois Cléfs, et les quatre dernières sur deux. quoi que la Cléf gravée en format plus gros soit celle employée par l'usage. 2°, pour qu'il y observe que la ligne du milieu de chacune de ces portées, porte tour à tour les sept notes de la Gamme ; que les chiffres inférieurs écrits dans ces portees, sont ceux de l'Octave montante, et les superieurs, ceux de l'Octave descendante de cette Gamme écrite sur une seule ligne.

Je donne d'abord à l'élève les Gammes produites par les sept positions des trois Cléfs, telles que je les lui démontre dans la portée generale de l'exemple précédent dont les portées échelonnées de Tierce en Tierce, ne le sont ainsi, que pour offrir à l'œil plus de symétrie.

Il est bon de les faire chanter successivement, (Nota! Ces Gammes se vérifieront du bas an haut, comme le Tableau précédent d'ou elles sont puisées.)

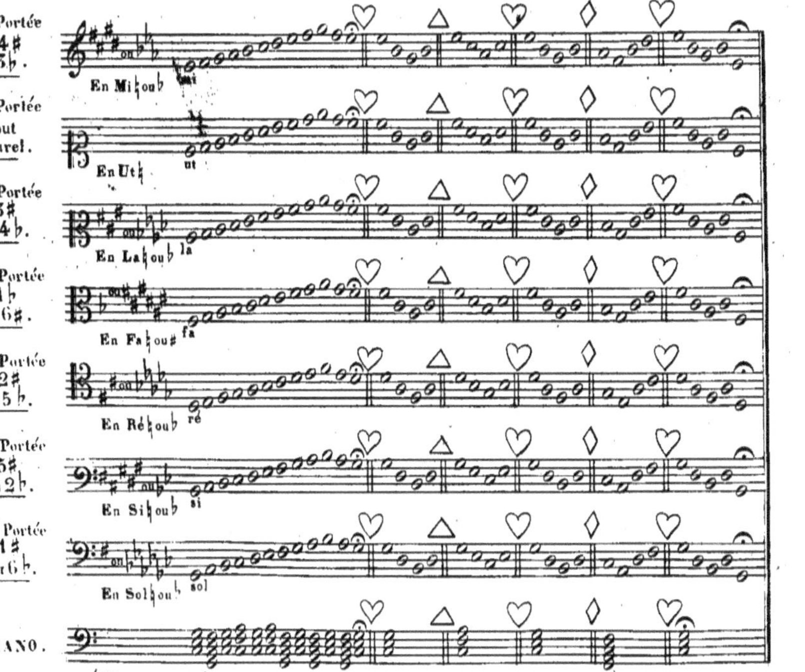

(l'Alto on le Violoncelle, accompagneront par les notes les plus basses des Accords.)

R*

Cléfs à supposer pour la partie de Basse, pour chaque changement de Ton.

Sans designer positivement ici l'ordre dans lequel le maître jugera à propos de faire chanter ces Gammes pour préparer à la lecture de ces sept positions des Cléfs; il devra se guider par le cinquième article au bas du tableau (Pl:8) pour rappeler à l'élève que de l'armement par dièses, résultent cinq Tons toniques naturelles (RÉ, MI, SOL, LA, SI,) et deux Tons toniques dièses (FA UT). Que de l'armement par bémols résultent un Ton, tonique naturelle (FA); et six Tons toniques bémols (UT, RÉ, MI, SOL, LA, SI,) et que ce tableau presente encore d'une manière plus distincte que le tableau (Pl:6) les notes dont se composent les Accords dans tous les Tons; ces Gammes préparatoires à la lecture ne prendront point de numéros d'ordre.

Puisque il est prouvé jusqu'à l'evidence que les trois Cléfs ont sept positions differentes; il est naturel de voir une même ligne ou un même espace; porter une Gamme entière par le moyen de leurs sept positions dans la portée.

EXEMPLE.

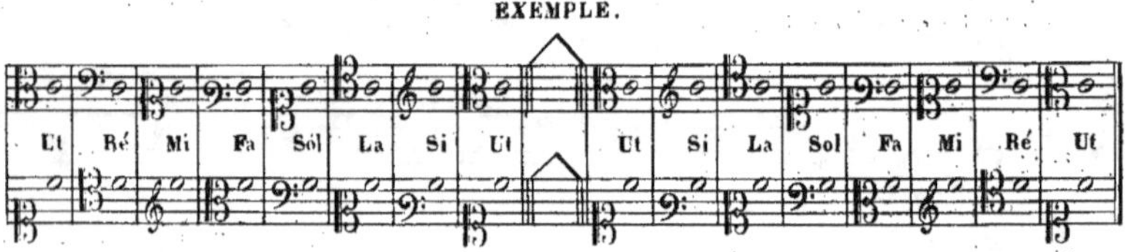

On pourrait donc noter tous les Airs sur une même ligne, ou dans un même espace.

5.ᵉ LEÇON.

L'éffet de la Transposition ne s'opère que par supposition, c'est à dire que tel Air noté en UT ou en SOL; ne peut se chanter en RÉ, en LA ou dans tout autre Ton; qu'autant que l'on suppose un autre Cléf, armée de dièses et de bémols, que nécessite ce Ton nouveau.

Puisque jusqu'ici j'ai cherché à faire comprendre la théorie musicale par des mutations visuelles dans plusieurs de mes Tableaux, et faciliter l'élève par ce moyen; je dois continuer d'exposer cette Theorie de la même manière, elle me semble la seule pour atteindre promptement le but proposé.

Ainsi la (Pl: 12) et son mobile que j'appelle Transpositeur. va ; joint à son explication préalable, nous donner toutes les transpositions ; quoique jamais on ne transpose plus loin que la Quarte, parce que , comme je l'ai dit à l'article des Renversements (1.re Partie, 5.e Leçon;) la Quarte devient Quinte, la Tierce devient Sixte etc., transposer à la Quinte à l'Aigu, est donc la même chose que transposer à la Quarte au Grave , et vice versa ; mais il est bon de lui proposer une transposition plus étendue, sauf à lui de se rendre compte du moyen le plus simple en se servant de celui du renversement ; quand la transposition proposée dépasse l'intervalle de Quarte.

La Portée (Pl: 12) ou sont posées 13 Cléfs séparée chacune par une double barre, représente une série de 13 Sons diatoniques du Grave à l'Aigu, et par conséquent le nombre suffisant de points de depart pour toutes les Transpositions.

Or, si l'air que l'on veut transposer est en UT, et qu'on veuille qu'il soit en MI, on place le point d'adaptation du Transpositeur (indiqué par ✳) sous une même Cléf, dans la portée du fond de cette (Pl: 12 ;) que celle par laquelle c'et air est noté, et l'on se porte à la Tierce écrite sur le mobile qui donne la Cléf nouvelle.

Le morceau est il en RÉ Cléf de SOL ; transposé à la Tierce à l'aigu, il se trouve en FA, Cléf de FA quatrieme ligne.

S'il est en UT, Cléf d'UT 4.e ligne, transposé à la Tierce, il se trouve en MI Clef d'UT 3.e ligne. Si la transposition était à la Quarte ; il se trouverait en FA, Cléf de FA 4.e ligne et à la Quinte, il se trouverait en SOL ; Cléf d'UT 2.e ligne,

Pour les transpositions au Grave : qui sont plus frequentes que celles à l'aigu ; on se servira du transpositeur descendant ; pour les transpositions à l'aigu, on se servira du Transpositeur ascendant. Le transpositeur ayant deux faces, il suffira de le retourner pour transposer des deux manières.

L'air suivant qui embrasse toute l'etendue des onze positions de la portée, depuis la Tonique d'une Octave grave ; jusqu'à la sous-dominante d'une seconde Octave à l'aigu ; s'exercera dans tous les Tons, par modulations ascendantes et descendantes ; toujours en partant du Tons d'UT.

A chaque changement ; un élève désigné, nommera le Ton, les Clefs qu'il faudra supposer et quel sera leur armement.

On établira le régulateur mental, sur la valeur et le mouvement de la ♪.

Comme la Cléf de SOL est la plus usitée ; je donne un Tableau (Pl: 13) de toutes les Gammes dans tous les Tons majeurs sur cette Cléf, il sera tres utile pour l'étude des Instruments, ainsi que pour l'étude de la Vocale.

La manière de se servir de ces Gammes, est de faire comme il suit pour celle en UT; sur toutes les autres pour chaque Ton, tel que

```
 1  2  3  4  5  6  7   8  9  10 11 12 13 14  15 16 17 18 19 20 21 ♡ 22 23 24
 ut ré mi fa sol la si  ut ré mi fa mi ré ut  si la sol fa mi ré ut ‖ ut mi sol

25 26 27  28 29 30 △ 31 32 33  34 35 36  37 38 39 ♡ 40 41 42 43 44 45  46 47
ut mi ut  sol mi ut ‖ ut fa la  ut fa ut  la fa ut ‖ ut mi sol  ut mi ut  sol mi

◇ 48 49 50 51 52  53 54 55 56 57 58 59 ♡ 60 61 62  63 64 65 66 67 68
‖ sol si ré fa ré  si sol fa ré fa sol si ‖ ut mi ut  sol mi ut mi sol  ut
```

Il se conçoit que pour trouver dans chacune de ces Gammes, ce nombre de 68 notes; la lecture se fera dans les deux sens; c'est à dire; dans le sens ordinaire, de gauche à droite, et dans les sens inverse de droite à gauche, comme dans l'exemple suivant, en se guidant sur la série des nombre de 1 à 68.

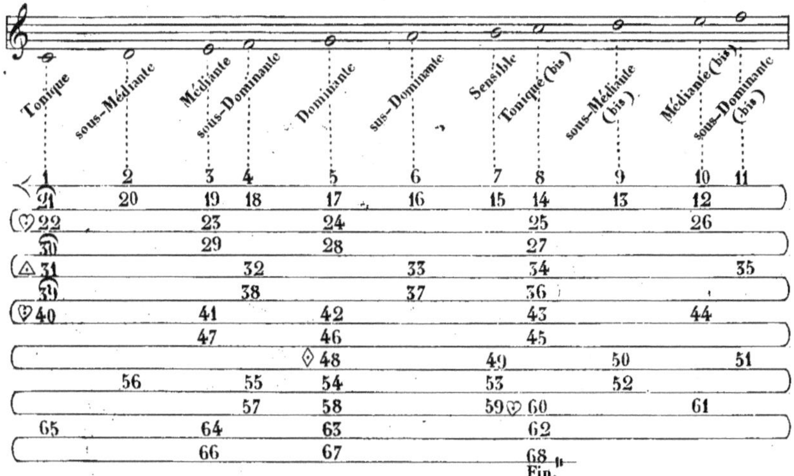

L'aptitude que va exiger de l'élève la recherche de ces 68 sons successifs dans chaque Gamme de ce tableau (Pl: 13) ne pourra que lui être tres profitable; tant pour son organisation et la connaissance des trois accords dans tous les Tons; que pour le préparer insensiblement au moyen d'accompagner sans partie écrite; quelques morceaux faciles, dont on aurait que le chant sous les yeux; et cela par la seule règle qui a du se faire présumer à son intellect; dans les précédentes Gammes qui sont suivies des Accords dans tous les Tons, notées sur les sept positions des trois Cléfs, (Page 55) qu'il a chantées avant l'Air N°.66; ou il a du remarquer que la partie de Basse pour Piano; accompagne les sept degrés de chaque Gamme par les accords dans lesquels se trouvent alternativement passer ces degrés; soit par exemple dans le Ton d'UT ; (6.ᵉ Portée) UT,MI,SOL, qui accompagnent ces trois Sons; UT,FA,LA, qui accompagnent les Sons FA et LA ; et SOL,SI,RÉ,FA; qui accompagnent RÉ et SI ; et qui pourraient également accompagner le FA et le SOL; puisque ces deux Sons font partie essentielle de cet accord dominant, quoique le FA appartienne déja à celui de Sixtequarte et le SOL à l'accord parfait.

L'ancien Air; Ah? vous dirai-je maman? va nous servir d'exemple pour ce qui vient d'être dit; à l'exception cependant du SI, note sensible qui ne se trouve pas employé dans la partie du chant de cet Air; mais en observant encore; que cette note sensible SI: ne peut s'accompagner que par l'accord Dominant.

Nota? Les notes de la Basse., à queues isolées et obliques; sont celles qui quoique faisant partie de l'Accord; ne doivent pas se faire entendre dans l'éxécution.

A faire chanter dans les 12 Tons.

6.ᵉ LEÇON.

MODE MINEUR.

Quelque soit le nombre de dièses ou de bémols dont la Cléf soit armée, l'élève sait que dans l'Octave majeure, produite par l'un ou l'autre de ces armements, il y a toujours deux intervalles d'un demi-ton, que ces intervalles se trouvent placés, le premier, des 3.ᵉ au 4.ᵉ; le second; des 7.ᵉ au 8.ᵉ degrés de l'Octave; ainsi qu'il s'en est assuré dans les divers dépouillements des Tons opérés sous ses yeux par l'aide des deux figures 3, et de celles lettres A, E et D de la (Pl: 1;) celle lettre A (Pl: 2;) celle de la formule mobile du mode majeure adaptée à la (Pl: 5) par celles percées à jours des (Pl: 7, 9, et 14,) par celle lettres A B de la (Pl: 15,) ainsi que par un état désignatif des quatre Sons de l'Octave entre les quels se rencontrent ces deux intervalles d'un demi-ton, dans chaque Ton; (3ᵉ colonne du Tableau Pl: 6.)

Il suffit donc de lui mettre sous les yeux la (Pl: 5) et la formule des proportions de l'octave du mode Mineur adaptée à cette planche, puis la (Pl: 14) avec sa formule percée à jours: afin de lui faire comprendre au premier coup d'œil la difference qui existe entre ces deux modes.

Cette difference est dans le mode Mineur, en ce que, les deux intervalles d'un demi-ton sont le 1ᵉ, du 2ᵉ au 3ᵉ, et le second; du 5.ᵉ au 6.ᵉ degrés de l'Octave, puis qu'un 3.ᵉ demi-ton qu'on emploie frequement du 7.ᵉ au 8.ᵉ degrés ne peut être produit que par le moyen d'un ♯, d'un double ♯, ou d'un ♮ béquare; qui étant étranger à l'armement de la Cléf; se nomme Accidentel.

Chaque Ton mineur à un Ton majeur qui lui est relatif, sans rien changer à l'armement de la Cléf.

Établissant la série diatonique suspendue à la (Pl: 5), toute naturelle; je laisse à l'élève faire lui même la recherche d'une Tonique mineure, puisque cette série lui donne le Ton majeur d'UT, il s'agit à la (Pl: 5). qu'il puisse trouver un point par le moyen du mobile mineur, qui sans alteration préalable, fasse que toutes les notes tombent perpendiculairement en rapport avec tous les grands chiffres de la formule de ce mode.

Faisant ensuite arriver un à un l'emploi de cinq dièses, je lui fais chercher sur ces divers Tons majeurs, les Tons mineurs qui leur sont relatifs.

Il s'appercevra bientot que le Ton mineur est toujours à une Tierce-mineure au grave du Ton majeur dont la sensible est toujours entre les deux Toniques relatives; et que cette même sensible du majeur, devient sous-médiante du mineur; comme elle est toujours le dernier dièse arrivé dans l'Armement, ou le dernier bemol qui vient d'être supprimé en operant le tour complet des modulations ascendantes.

Une remarque non moins utile à faire, c'est que la sus-dominante ou 6.ᵉ note de l'Octave du mode majeur, devient la Tonique de l'Octave du mode mineur relatf. et que la médiante du Ton mineur, devient la Tonique du majeur relatif (vᵉᶻ Pl: 14.)

A la (Pl: 6,) la 7.ᵉ colonne lui donne les notes formant la Tierce mineure à descendre de chaque Ton majeur sur son relatif mineur; la 8.ᵉ colonne, les Toniques cherchees; la 9.ᵉ les Sons altérés formant les sensibles accidentelles, la 10.ᵉ les trois intervalles d'un ½ Ton dans chaque Octave. la 11.ᵉ les notes formant l'Accord parfait; la 12.ᵉ celles formant l'accord de Sixte Quarte ; la 15.ᵉ celles formant l'accord Dominant, la 14.ᵉ celles formant l'accord de Septieme diminuée. Les quatre notes formant ce nouvel accord, sont les mêmes qui forment l'accord Dominant du relatif majeur (6.ᵉ colonne de ce même Tableau ;) dans celui mineur, seulement sa note basse est haussée d'un demi-ton, en raison qu'elle est devenue sensible de ce mode ; de Dominante qu'elle était dans le mode majeur.

EXEMPLE { En UT. majeur, accord Dominat   SOL   SI   RÉ   FA }
{ En LA mineur relatif, accord de septième diminuée } SOL
accidentel   SI   RÉ   FA } .

L'accord parfait des deux modes, est composé de deux ecarts de Tierce accumules sur la Tonique, dans le mode majeur, la 1.ᵉ de ces Tierces est majeure, et la 2.ᵉ est mineure ; tandisque dans le mode mineur ; la 1.ᵉ Tierce est mineure, et la 2.ᵉ est majeure.

L'accod de Sixte Quarte est composé d'une Quarte et d'une Sixte sur la Tonique ; dans les deux modes la Quarte est juste ; mais la Sixte qui est majeure dans le mode majeur, est mineure dans le mode mineur.

L'accord Dominant des deux modes ne présente aucune difference dans les proportions de ses trois écarts ; mais le mode mineur a donc de plus que celui majeur ; cet Accord de septième diminuée, formé par tois Tierces mineures sur la sensible accidentelle. C'est un nouvel intervalle dont je n'ai pas encor parlé, et qui ne comporte que 4 Tons et ½ ; c'est à dire, un demi-ton de moins que celui de septième mineure. Ce nouvel intervalle de septième diminuée quelque soit l'armement de la Cléf ; ne peut se former que par une altèration accidentelle sur un des deux Sons extrèmes de cet écart de 4 ton et ½ ; résultant de sept degrés conjoints parcourus.

L'emploi de ces signe, ♡, △, ◇ ; est le même sur la formule du mode mineur adaptée à la (Pl: 5) et celle à jours de la (Pl: 14) que dans les formules (mêmes Planches) du mode majeur ; mais dans celles du mode mineur, il y a encore celui ci, ☐ pour le 4.ᵉ accord de ce mode.

Je crois devoir rappeler à l'élève, que le signe pointé à son milieu ; est toujours pour indiquer la note portant l'Accord.

7.ᵉ LEÇON.

Le mode mineur, peut se pratiquer de trois manières differentes, par les alterations dont sont susceptibles deux des sons de son Octave.

Le mode majeur au contraire est invariable dans ses proportions. En lisant attentive-

ment les explications données à ce sujet à la (Pl: 15), l'élève verra que la 2.e formule mineure, (Lettre D) est, et sera toujours la plus usitée, parcequ'elle seule comporte les proportions harmoniques des quatre accords de ce mode ; cependant, la première et la troisième
se trouvent quelques fois dans la mélodie.

L'elevation accidentelle d'un demi-ton de la sus-dominante, ou sixieme son dans la 3.me
formule du mode, n'est pratiquée que pour eviter la fausse relation d'un Ton et ½ qui se
trouve dans la deuxième formule entre ce Son et le septième de l'Octave.

On a vu dans la leçon précédente, que l'accord Dominant du Ton majeur et l'accord
de septième diminuée du Ton mineur qui lui est rélatif, sont composés des mêmes notes:
que leur difference consiste seulement dans l'elevation d'un ½ Ton sur la note basse de
l'accord mineur ; je dois prouver à l'élève que cette seule mutation chromatique ascendante
de cette note ; donne au compositeur la facilité de moduler du Ton majéur, sur son relatif
mineur ; (quelque soit d'ailleurs l'armement de la Cléf.)

L'exemple suivant qui commence en UT majeur (Ton modèle) ; va par le seul changement
de la Dominante SOL ♮ naturel en SOL ♯ ; sensible artificielle se trouver en LA mineur, Ton
relatif, puis finir en UT majeur, par la remise de ce SOL dans son état naturel de Dominante de ce mode.

Mais pour passer d'une Tonique majeure à une Tonique mineure prise sur le même Son, c'est à dire d'UT majeur en UT mineur, il y a toujours trois Sons à baisser d'un ½ Ton; comme pour passer d'un Ton mineur au même Ton majeur; il y a toujours trois Sons à hausser par rapport à l'armement de la Cléf.

La mutation descendante ou ascendante de ces trois Sons, porte sur les 3.ᵉ, 6.ᵉ, et 7.ᵉ de l'Octave (v.ᵉᶻ à la Pl: 15) proportions comparées des deux modes,

  } Mode { } et première formule du { presqu'au bas de cette **Planche**.
  { Majeur } { Mode Mineur. }

En effet, si pour passer du Ton d'UT mode majeur, à ce même Ton mode mineur; il faut baisser les 3.ᵉ, 6.ᵉ, et 7.ᵉ notes, qui doivent determiner l'armement de la Cléf; il y aura donc;

Octave du Mode Majeur	en UT Majeur.	UT 1	RÉ 2	MI 3	FA 4	SOL 5	LA 6	SI 7	UT. 8	Rien a la Cléf.

| | | 1 | 2 3 | 4 | 5 6 | 7 | 8 | | | |
| Octave du Mode Mineur | en UT Mineur. | UT | RÉ MI♭ | FA | SOL LA♭ | SI♭ | UT. | | | Trois Bemols ♭ Si, Mi, La. |

Et de même; si pour passer du Ton de LA mode mineur, à ce même Ton, mode majeur, il faut hausser les 3.ᵉ, 6.ᵉ, et 7ᵉ Sons, et en armer la Cléf; il y aura donc;

Octave du Mode Mineur	en LA Mineur	LA 1	SI 2	UT 3	RÉ 4	MI 5	FA 6	SOL 7	LA. 8	Rien a la Cléf.

| | | 1 | 2 | 3 4 | 5 | 6 | 7 | 8 | | |
| Octave du Mode Majeur | en LA Majeur | LA | SI | UT♯ RÉ | MI | FA♯ | SOL♯ LA. | | | Trois Dieses ♯ Fa, Ut, Sol. |

S'il faut que souvent la 7.ᵐᵉ note soit haussée accidentellement d'un ½ Ton dans le mode mineur: pour faire une note sensible; qui alors se trouve au même niveau dans les deux modes: pour le Ton de LA mineur relatif a celui d'UT majeur: cette élévation portant sur SOL naturel, il faut un dièse ♯ pour sensibiliser cette note.

Mais pour le Ton d'UT mineur; relatif a celui de MI ♭ majeur, produit pair un armement de trois bémols (SI, MI, LA,) l'alteration portant sur SI ♭ ; c'est alors un ♮ béquare, qui détruisant l'effet du bemol ; indiquera l'élévation de ce Son rendu sensible.

Cela fait comprendre que pour la formation des ces notes sensibles, dans ce mode ; si le Son a hausser est bémol ; il suffit d'un ♮ s'il est naturel, il faut un ♯, et que s'il est déja dièse par l'armement de la Cléf, il faut un 𝄪 double dièse ; (v.⁽ᵉᶻ⁾ Pl: 6, 8.ᵉ Colonne)

La (Pl: 14) convaincra l'élève des raisonnements que je viens de lui faire aux (Pl: 5, 6, et 15) ; parce qu'elle comporte les Tons majeurs et mineurs relatifs, et qu'en faisant glisser la formule sur tous les Tons majeurs ; elle determine les Tons mineurs.

Il est bon de lui faire remarquer que la sensible du Ton mineur, produite par le signe altératif accidentel, s'y trouve en dessous de la Tonique grave, la raison en est expli- quée à cette planche.

8.ᵉ LEÇON.

DE LA MESURE.

La mesure a été instituée pour aider le chanteur et l'accompagnateur, parce qu'elle réduit un chant quelconque en plusieurs parties égales, qui servent toutes de points de ralliement entre les musiciens charges d'executer plusieurs parties ensemble. Ces divisions du chant en petits laps de temps d'égales durées ; s'écrivent par une ligne perpendiculaire sur les cinq lignes de la portée ; que l'on nomme barre de mesure, tel que

Il y a plusieurs espèces de mesure, parce qu'il y a plusieurs espèces de musiques qui caracterisent les differents genres de Danses et de Chants. Chacune de ces divisions peut être encore divisée de maniere que tel morceau qui s'écrit par une mesure divisée en 4 ou en 2 Temps, ne pourrait pas s'ecrire par une mesure divisée en 3 Temps.

Les mesures plus usitées autres fois que maintenant, sont celles ci

La Mesure à Quatre deux qu'on écrit ainsi   qui se divise en 4 Temps.

La Mesure à Deux un .... divisée en 2 Temps.

La Mesure à Douze quatre .... divisée en 4 Temps.

La Mesure à Neuf quatre .... divisée en 3 Temps.

La Mesure à Six quatre .... divisée en 2 Temps.

La Mesure à Trois deux .... divisée en 3 Temps.

R ★

Mais de la rapidité des mouvements proportionnée à la facilité acquise dans l'éxécution sur les principaux instruments d'orchestre, est résulté le changement de la Ronde (𝅝) de brève qu'elle était pour ainsi dire: en notre plus longue Note; et l'accroissement du nombre de ses divisions; à compter de la croche (♪) à la quadruple croche (♬); et enfin, une même reduction de quantités dans les mesures dont on se sert le plus souvent à present, qui sont toutes en rapport avec les precedentes et reglées sur la Ronde.

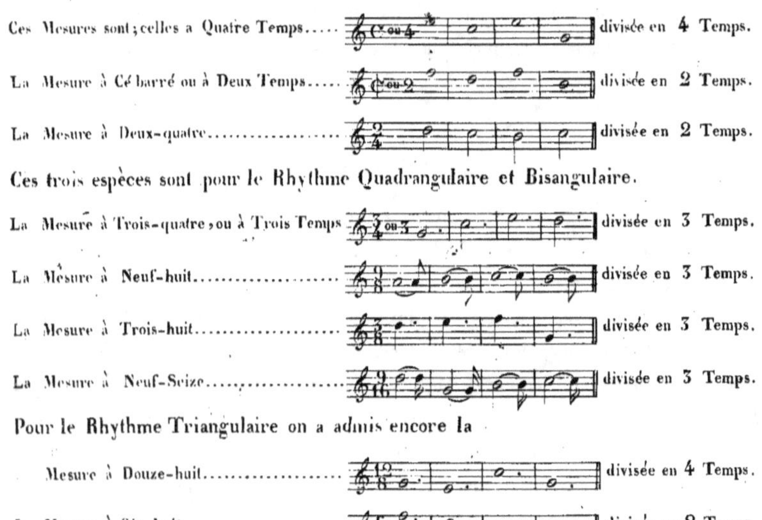

Ces deux dernières participent des deux genres précédents; celle à Douze-huit se divise en 4 Temps; et chacun de ses temps présente une mesure à $\frac{3}{8}$

Celle à Six-huit, se divise en 2 Temps, et comme le précédente, présente dans chacun une mesure à $\frac{3}{8}$

Elles tiennent donc du triangulaire quant à leur composition, et du quadrangulaire et bisangulaire, quant à la manière de les diviser par des Temps: c'est à dire; de les battre.

Celles indiquées par deux chiffres, d'après le même principe que pour les anciennes; contiènnent de la Ronde; ce qu'en détermine la fraction écrite à leur tête.

On rencontre souvent dans la musique des groupes de trois ou six notes, au lieu de deux ou de quatre, sur lesquels on met un 3 ou un 6 ; ces chiffres, indiquent que le nombre ordinaire de ces notes: d'après ce que doit en contenir la mesure ; ayant été dépassé ; il faut en accélérer la vitesse, dans la proportion de trois pour deux ; de six pour quatre ; ou tout autre nombre comparé et substitué à celui ordinaire.

Toutes les diverses durées ou longueurs des Temps qui divisent les mesures que nous venons d'indiquer ; ainsi que les valeurs de chaque note dont le tableau se voit aux pages 47 et 48 à compter de la ⊏⊐ . double rond pointée qui a du être L'entier ; comme étant la plus longue de l'ancienne Notation : à la quadruple croche ♪ qui est la plus courte note par la fraction $\frac{1}{192}$; et maintenant celle $\frac{1}{64}$ de l'entier de la notation moderne qui est la (○) ; n'étant point d'un laps de temps fixe ou absolu, mais seulement relatif et proportionnel entre ces deux entiers et leurs aliquottes : ces durees ou valeurs sont donc sujettes à varier du plus lent au plus vif, par les gradations de mouvements exprimees par les mots de la premier colonne du Tableau general et detaché des termes Italiens (Pl:12bis) à compter de Largo à Prestissimo.

Le premier Temps de chaque mesure se frappe de la main ou du pied et le dernier se lève, si la mesure est à trois Temps, le second se marque par un geste à droite, et si elle est à quatre Temps: le second se marque à gauche ; pour que le temps de droite soit toujours l'avant dernier, dans les mesures à plus de deux Temps.

Un seul ; celui qui est chargé de diriger la partie conductrice ; doit battre la mesure, et frapper ce premier Temps, assez légèrement pour n'être entendu que de ceux qui participent à l'exécution.

Le régulateur ou metronomo (espéce de pendule) ; etabli pour la durée de la mesure et des temps qui la divisent ; est subordonné aux termes Italiens de ce tableau (Pl : 12 ^{bis})

Dans les mouvements tres lents, je considère comme impossible de marquer les temps qui divisent chaque mesure avec la régularité et la precision qui seules peuvent faire paraitre une production musicale avec tous ses effets sans le moyen prealable du compte - mental.

Ce moyen est d'autant plus infaillible, qu'il devient mutuel entre le chef d'orchestre et les musiciens qu'il dirige ; son effet propre étant de résumer les diverses parties qui dans la partition, et pour servir de régulateur à la mesure, accompagnent par des notes égales, d'un mouvement précis, un peu vif et déterminé.

R*

EXEMPLE. N.º 1.

Ces huit croches, du second Violon, ou de tout autre instrument, sont celles qui servent au conducteur de la Partition, de guide le plus certain pour le point de départ de chaque temps de cette mesure quadrangulaire, qu'il est obligé par sa fonction de transmettre à l'ensemble des exécutants.

Toutes les Valeurs depuis la ronde o jusqu'a la croche ♪, peuvent donc être réglées par cet accompagnement.

EXEMPLE N.º 2.

Si le régulateur se trouve par fois interrompu dans toutes les parties pour quelques instants de l'éxécution; c'est qu'alors le genre de musique ne le permet plus et que d'ailleurs il suffit qu'il soit entendu pendant quelque mesures; pour qu'il reste empreint dans l'esprit de chaque musicien et le conserve jusqu'à son retour. S'il est etabli sur des doubles croches: (Ce qui détermine alors un mouvement plus lent; l'espèce de mesure ne changeant pas): au lieu de compter par 8, il faut compter par 16 dans les mesures Quadrangulaires. Et si la mesure est à deux-quatre; ces seizième sont des triples croches comme dans le Largo N.º 7 des exemples suivants.

Dans les mesures triangulaires, le régulateur est basé sur 6 ou 12; mais dans celle quadrangulaire à 12/8; il est de 12 et parfois de 24; lorsque dans un Largo ou Larghetto, il apparait des doubles croches (N.º 20, 21 et 26, des Exemples suivants; pour les deux cas.)

Presque dans toutes les mesures, le compte mental devient inutile et presqu'impraticable dans les Allegro vivace, Presto et prestissimo, parcequ'alors il s'opère de lui même par le nombre des Temps qui divisent la mesure.

R ✱

D'ailleurs, l'habitude de faire de la musique et d'en entendre : ne laissera bientôt plus de doutes sur le régulateur mental que l'on devra choisir ; ni sur l'éfficacité de ce moyen par lequel : faisant nombre des musiciens employés aux grands Théâtres de Naples et de Palerme ; j'ai vu éxécuter toute la musique des grands Opera, sans chefs d'orchestres visibles ; puisqu'ils se trouvent assis à leurs Clavecins, à une des ailes de l'enceinte ; d'où ils conduisaient plus spécialement les Récitatifs, qu'ils accompagnaient presque seuls sans marquer la mesure d'aucune manière.

Suivent plusieurs exemples pour tous les cas que je viens d'expliquer, qui serviront d'introduction tacite aux divers Exercices Élémentaires sur ce point important de l'Exécution qui seront l'objet special de la 4.ᵉ partie, et dans laquelle il sera rappèllé et souvent renvoyé à ces 27 Nᵒˢ d'exemples.

De la SYNCOPE, seulement applicable à la MÉLODIE.

Une note qui par sa situation Rhythmique, et d'apres les règles suivantes ; doit être syncopée ; parait recevoir : (si ce n'est tout à fait une double Articulation par L'archet, le Gosier, la Langue, ou tout autre moteur d'attaque pour la production des Sons) ; tout au moins une sensible secousse, ou seconde expression ; qui : par un doublement de force pour sa dernière moitié ; soit en appuyant plus sur la Corde, ou soit en augmentant le volume du souffle ; on fait distinctement sentir le partage en deux parties égales.

Pour reconnaitre une note syncopée, il faut faire attentivement les remarques et les suppositions ci apres ;

1.ᵒ ; qu'une mesure bisangulaire par le nombre des 2 Temps qui la divisent, et de laquelle néanmoins peut se prendre le carré ; peut donc encore se subdiviser en plus de parties ; toutes multiples de ce premier nombre ; celui de ses Temps ; c'est à dire en 4, ou 8 ; rarement en 16.

2.ᵒ ; qu'une mesure Quadrangulaire, semblable à la précédente, quant à sa composition, peut donc aussi se subdiviser de la même manière.

3.ᵒ ; qu'une mesure Triangulaire, tant par sa composition que par ses 3 Temps, peut également se subdiviser par les nombres produits de celui 3 multiplié par 2, ou par 4 ; c'est à dire, en 6 ou 12 parties, suivent les exemples pour les trois cas.

MESURES Bisangulaires par rapport aux 2 Temps qui les divisent ;
mais qui par leur composition, sont aussi Quadrilataires.

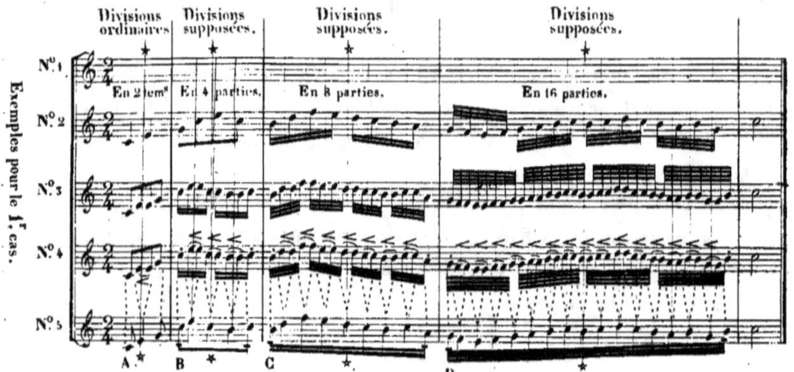

Ou l'on voit que la portée Nᵒ 1 présente les divisions ordinaires par le nombre des temps (à ce signe ✶) et les subdivisions supposées de chaque mesures (à chaque lignes fines et verticales). Que celle Nᵒ 2 renferme l'encadrement ordinaire des Sons dans chaque Temps et subdivisions ; sans qu'aucunes Valeurs ne passent d'un temps ou d'une subdivision à une autre; celle Nᵒ 3 ; un pareil encadrement d'un choix de notes, dont les quatre de la mesure A. sont des croches, les huit de la mesure B, des doubles croches ; les seize de la mesure C, des triples croches ; et les trente-deux de la mesure D, des quadruples croches ; la portée Nᵒ 4, les mêmes notes que celles de la portée Nᵒ 3: mais ou toutes deux notes d'un même Son ou degré, qui se trouvent séparées par les verticales ; étant designées (par les signes ordinaires ⌒ et <) devoir être liées l'une à l'autre, et renforcées au moment du passage sur la seconde ; présente donc l'effet de la syncope écrite en dessous sur la 5ᵉ portée, ou les lignes pointillées qui se voient entre ces deux dernières portées servent par leurs corespondances ; à démontrer à la fois et les notes qu'il faut syncoper, et leurs veritables situations dans chaque mesures, ainsi que leurs valeurs exprimées par les notes coulées à la portée Nᵒ 4.

Venant de dire précédemment qu'une mesure Quadrilataire, étant en rapport intime de composition Rhythmique avec celles Bilatérales (à 2 Temps) ; que toutes subdivisions supposées pouvaient être les mêmes; le tableau suivant pour ce second cas, ou se verront entremelées toutes ces mesure à effets semblables; va convaincre l'élève de l'évidence de mon asser_tion. Je me sers de la même mélodie.

R ✶

Dans les portées ci haut, des N.ºˢ 6 à 13; celles 6 et 7, ne sont en tout que la répétition de celle 4 et 5 des exemples du premier Cas.

Celles 8, 9, 10, (encore mesure à 2 Temps); se composant des mêmes Sons; n'en diffèrent que dans les figures de quantité, qui sont toutes de valeurs doubles; et enfin, celles N.ºˢ 11, 12 et 13, (Mesures à 4 Temps), encore semblables à celles 8, 9, 10, quant aux valeurs; n'en diffèrent donc que par le nombre des Temps qui est double de celui des dix premiers numéros de tous ces exemples.

Ainsi? par une seule de ces espèces de mesures; peut donc s'obtenir un même effet Rhythmique, un même résultat pour rendre une même idée, puisque d'ailleurs, ce que l'on nomme le Temps fort, étant toujours le premier et le troisième; c'est à dire ceux impairs, et que le Temps faible etant toujours le deuxième et le quatrième, ce qui repond à ceux pairs? il n'y a donc aucun obstacle à opposer à cette Homogènéité que je reconnais entre ces quatre mesures.

Exemples pour le 3me Cas ;
Mesures Triangulaires.

Afin de mener mon Élève au point important de ne douter absolument de rien de ce qui conserne la théorie, et de pouvoir repondre à toutes les questions les plus scientifiques et abstraites de la partie élémentaire ; je dois encore lui soumettre un apperçu en Tableau d'identité Rhythmique entre huit autres mesures à éffet Triangulaire ; avant les exemples des Syncopes qui peuvent s'y rencontrer.

Malgré l'evidence suffisament prouvée par les exemples precedents ; des intimes rapports de composition et d'encadrement de valeurs entre les mesures $\frac{2}{4}$, 2, ¢ et C du 2^d cas, page 71, et ceux des mesures $\frac{12}{4}$, $\frac{9}{4}$, $\frac{6}{4}$, $\frac{3}{4}$, $\frac{12}{8}$, $\frac{9}{8}$, $\frac{6}{8}$, et $\frac{3}{8}$ du 3º Cas, page 72 ; je vais néanmoins : pour indiquer les Syncopes de ces huit dernière mesures, séparer par trois articles, 1º. celles à 2 Temps $\frac{6}{4}$ et $\frac{6}{8}$; 2º. celles à 3 Temps, $\frac{9}{4}$, $\frac{9}{8}$, $\frac{3}{4}$ et $\frac{3}{8}$; et 3º. celles à 4 Temps, $\frac{12}{4}$ et $\frac{12}{8}$; sur un même chant.

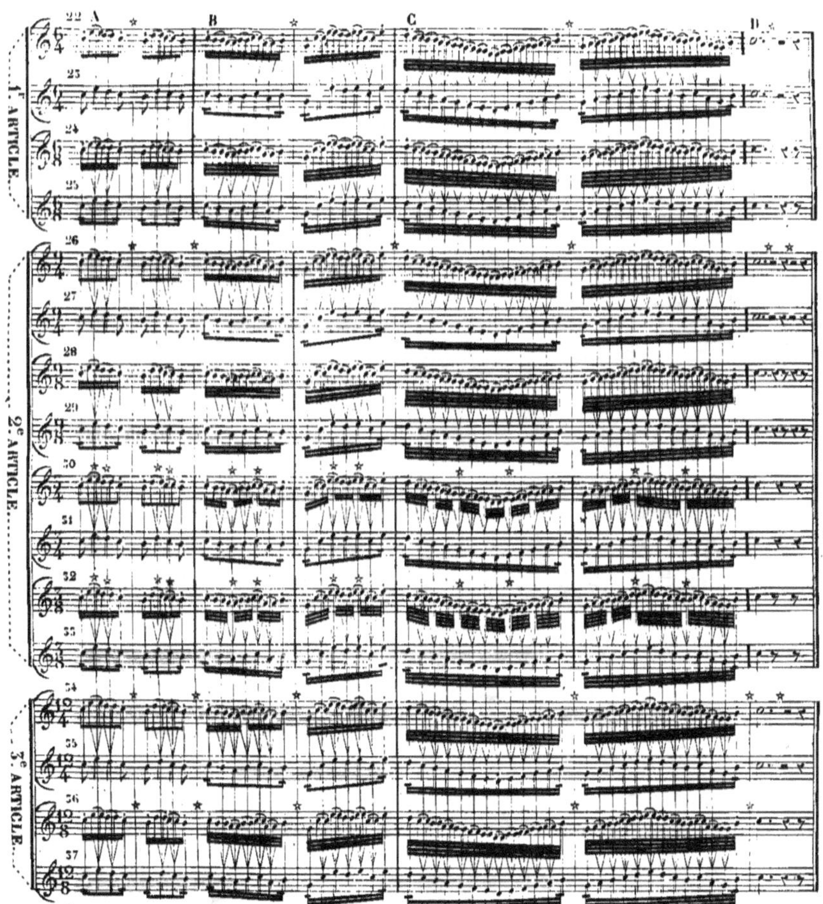

En conclusion? une Note ne peut être syncopée que quand elle est placée à contre temps ou à contre plus petites divisions supposées de la mesure ; et presque toujours précédées et suivies de Notes plus brèves: et comme on a du le remarquer dans les precedents Exemples ; il peut n'y en avoir qu'une seule (N.ᵒˢ 5 , 7 , 10, et 13 , mesures A ;) ou 2e ; (N.ᵒˢ 25 , 27 , 31 , 33 , 35 , et 37 ; mesures A) ou tout autres nombres indéterminés ! (mesures B , C , D ; N.ᵒˢ 5 , 7 , 10, 13 , 25 , 27 , 29 , 31 , 33 , 35 , et 37.)

R *

N.º 3.
Andante.
1º
2º
N.º 4.
Allegretto.
C ou 2
N.º 5.
Adagio.
1º
2º
R ✶

N.º 6.
Adagio.
N.º 7.
Largo.
1.ª
2.ª
16
R.

N.º 8.
Allegretto.
1.º
2.º
N.º 9.
Andante.

N.º 10.
Andante.
R *

N.º 11.
Largo.
N.º 12.
Allegretto.
R *

N.º 13.
Allegri
Moderato.
N.º 14.
Allegretto.
1.º
2.º
Fin.
R.

N.º 15.
Andante.
N.º 16.
Andante.
R.

N.º 17.
Andantino.
Fin
8   4
N.º 18.
Allegro.
R.
V.S.

R ☆

84
N.º 20.
Andante.

N.º 21.
Largo.
R *

Nº 22.
Allégretto.
1º
2º
Nº 23.
Andante.

N.º24.
Andantino.

N.º 25.
Larghetto.

N°26.
Largo.
R ✶

Resume de toutes les Mesures.
N°27.
Allegretto.
Nota? Les croches conserveront leur même mouvement; jusqu'au final. (All° Vivace.)
Andante.

All⁰ Vivace.

Temps muet ou Silences en rapport de valeurs avec une ou plusieurs mesures.

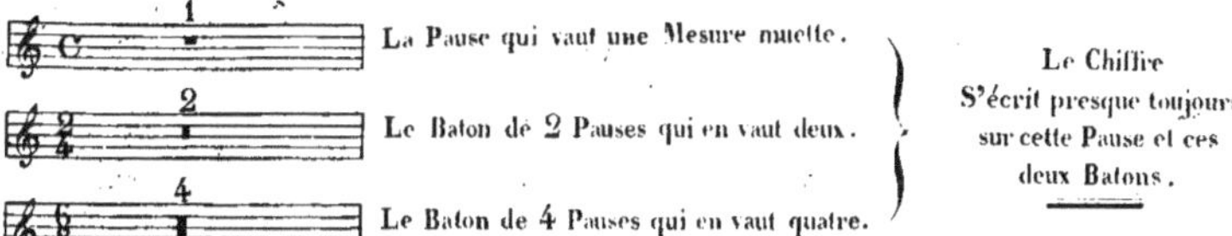

On conçoit que par le moyen de ces trois signes ajoutés, on marquerait un nombre infini de mesures muettes,

EXEMPLE.

Mais la manière la plus usitée à present est celle ci;

Ce qui exprime, 5, ou 12, ou 40, ou 60, ou 104 mesures muettes, qu'il faut compter en silence pendant que d'autres parties exécutent des Valeurs parlantes ; afin de reprendre au Temps juste, si le morceau n'est pas fini pour la partie que l'on remplit.

AUTRES SIGNES.

La Reprise s'écrit ainsi Le morceau indiqué pour être répété ; est toujours du coté des deux points ; quelques fois elle est double et adossée elle indique alors qu'il faut tout répéter.

Lors qu'un morceau doit finir par la même période qu'il commence, ou par une période intercalée ; l'on se dispense ordinairement de la récrire au bas du morceau, par le moyen de ce signe ℅, que l'on nomme Renvoi ; ou tout simplement ; les deux premières consonnes des termes Da Capo (D.C.) qui signifient, recommencer jusqu'au mot Fin.

Ce signe ⌒ ou ⌣ ; que l'on nomme Point-d'Orgue ; indique qu'il faut prolonger la durée de la note ou du silence ; autant qu'on le juge convenable. Cette prolongation ne dérange rien à la mesure ; car elle se trouve prolongée comme la note ou le silence ; et reprend ensuite son cours ordinaire ; après l'éffet du Point-d'orgue, qui se règle par la volonté de celui qui exécute la partie conductrice ; ou de celui qui la dirige.

Ce signe ⁀ ou ⁀ , qui se nomme Coulé, se trouvant placé sur plusieurs notes, indique, que la première seulement doit se faire sentir ; et les autres se couler sans aucune articulation ; aussi lorsqu'on solfie on ne doit nommer que la première de plusieurs notes coulées .

Ce signe contraire ' ou · , que l'on nomme le piqué ; placé sur la tête de la note ♪ ou ♩ , ou ♪ ou ♪ ; indique ce qu'exprime le mot Stacato (détaché sec ♪ ou doux ♪)

Cet autre signe ⟨ équivaut aux mots Crescendo, rinforzendo .

Celui ci ⟩ qui se remplac souvent par les mots Diminuendo, smorzendo, indique le contraire du précédent ; diminuer le Son, l'éteindre .

Le Trille s'écrit ainsi ♭ ou ♭ ; il indique l'emprunt d'une note un degré en dessus de celle notée ; et le balancement de l'une sur l'autre, avec accélération de mouvement ; en commençant ce balancment par la note empruntée et le finissant par celle écrite sous le signe ; qui se nomme la note d'harmonie ; **EXEMPLE** ♪♪♪

Il ne faut articuler que la première note d'emprunt, et couler toutes les autres.

La durée du Trille est absolument celle de la note sur laquelle il est . Cette note est presque toujours la sous-médiante d'un Ton principal ou d'un Ton passager et ce balancement est presque toujours suivi et précédé de deux petites notes qui sont ordinairement la Tonique et la sous-médiante de ce Ton ; **EXEMPLE** ♪♪ On pourrait même porter jusqu'au nombre de quatre ou de six ; les notes d'agrément qui suivent le Trille **EXEMPLES** : ♪♪ ou ♪♪

Le Brisé s'écrit ainsi ♪ , ou ∾ Lors qu'il est droit et posé en dessus de la note, il sous-entend trois autres notes, dont la 1.ʳᵉ se prend un degré en dessus ; la 2.ᵉ sur le degré même, et la 3.ᵉ la note en dessous de ce degré .

Notation EXEMPLE Effet.

Lorsque ce signe est couché et qu'il est placé après une note ♪∾ , il en sous-entend 4 ; la 1.ʳᵉ se prend un degré en dessus ; la 2.ᵉ sur le degré même ; la 3.ᵉ un degré en dessous et la 4.ᵉ est encore la répétition de la note écrite avant le signe .

Dans cet exemple, le signe couché sous-entend les 4 triples croches, et dans le précédent, ce signe doit n'en sous-entendre que 3.

L'élève doit aussi voir que le grouppe de trois triples croches au lieu de deux, que l'on nomme Triade, ne valant qu'une double croche ; la noire du premier exemple ne perd qu'un quart de sa valeur, qui se réduit à une croche *.* pointée ; et que dans le deuxième exemple, le grouppe de quatre triple croches, ne valant qu'une croche *♪* ; la noire *♩.* pointée, ne perd que la valeur de son point, ce qui la réduit à une noire *♩* simple. Le brisé emprunte donc de la note d'harmonie, toute sa composition et la durée des trois ou quatre sons dont il se compose.

Il doit encore remarquer qu'entre la note la plus basse des trois ou quatre sous-entendues, avec la note écrite, l'intervalle ne doit être que d'un demi-ton. Aux N.os 2, 3, 4, 5, 6 et 8 de l'exemple du brisé à trois notes, il voit les ; LA, SOL, FA, SOL, LA, UT accidentellement dièsés et aux N.os 2, 3, 5 et 6, de celui à quatre notes ; les SOL, LA, RE et MI ; le sont également. Cette règle est de rigueur, et n'est susceptible d'aucune exception.

Indépendamment de ces petites notes sous-entendues dont je viens de parler, qui ne sont désignées à l'Exécutant que par des signes conventionnels qui déterminent leurs degrés: il y en a d'autres que l'on nomme petites notes d'agrément, (et en Italien Apogiatura:) qui s'écrivent et dont les valeurs de quelques unes sont encore subordonnées aux conventions suivantes.

1.º Lorsqu'une de ces petites notes est placée avant et un degré en dessus de la note d'harmonie ; elle en prend la moitié juste pour former sa valeur, et les deux tiers si la note d'harmonie est pointée ; à l'exception de la Blanche pointée dans la mesure à $\frac{6}{8}$; qui ne peut perdre que la valeur du premier Temps.

2.° Si la petite note est en dessous, elle ne prend pas autant de valeur de la note d'harmonie, cela se reduit au quart et même au huitième.

3.° Les petites notes placées en dessous et avant la note d'harmonie; en sont souvent eloignées d'une Quarte, d'une Quinte, d'une Sixte, d'une Septième et même d'une Octave; elles se nomment alors port de voix; et sont ordinairement Brèves,

4.° Lors qu'il y en a deux ou trois, qu'elles soient placées avant ou après, en dessous ou en dessus de la note d'harmonie; elles passent toujours avec assez de rapidité,

5.° Quand on en veut placer davantage : ce qui ne peut aisement se faire qu'avant; après; et mieux encore, qu'entre deux point-d'orgues ; alors le nombre en devient illimité, et souvent un sujet d'improvistion pour celui qui éxécute la partie Solo ou principale du Chant.

4ᵉ. PARTIE, CHANTS ET EXERCICES.
POUR LA MESURE ET LA TRANSPOSITION.

Par Intervalles de Tierces, suivis des 3 accords Élémentaires

N°. 67.

A transposer en Sol, Ré, La, Mi et Si naturels ; et en Si, Mi, La et Ré bémols ; et après, faire chanter les N°. 5 et 7 des 26 Exemples pour le **COMPTE MENTAL** ; (Pages **74** et **75** .)

Par intervalles de Quartes, et les accords, DOMINANT et PARFAIT

N°68.

A transposer en Ré, Mi, Fa, et Sol naturels .

N.º 69.

A transposer dans tous les Tons par modulations au Grave .

N.º 70.

A transposer en Mi, Ré, Ut, Si, La, naturel; et en Mi, Ré, Si, La ♭

N°. 71.

A transposer en Ut, Fa, naturels, et en Si ♭ haut, puis en Mi, La, Ré et Sol Bémols.

N°. 72.

A transposer dans les 12 Tons, par modulations ascendantes.

Résumé
N.º 73.
A transposer En Ut, Sol, La, Mi, Si ♮ et en Si, Mi, La, Ré ♭.
B *

N°. 74 .
N°. 75 .
A transposer comme le N°. précédent .
A transposer en Sol, La, Ré, Mi ♮ et en Sol, La, Ré, Mi ♭ et en Fa ♯ .

N.º 76 .
A Compter de ce N.º ; Le Compte Mental S'établira sur les doubles croches et l'on comptera
8 par mesure . Le Maître les fera sentir, en divisant les notes de la Basse par cette valeur ; pendant quel_
_ques mesures tel que &
etc.
A transposer dans tous les Tons ; Excepté en Si ♭ et ♮ .
N.º 77 .
A transposer dans tous les Tons par modulations descendantes .

R *

N°. 78.
N°. 79.
N°. 80.
A transposer en Ut, Ré, Mi, Fa, La, Si ♮ et en Ré, Mi, La, Si ♭.
A transposer en Ut, Ré, Mi, Fa, Sol, La ♮ et en Ré, Mi, Sol, La ♭ et en Fa ♯.
A transposer dans tous les Tons ; par modulations à l'aigu.

N.° 81.

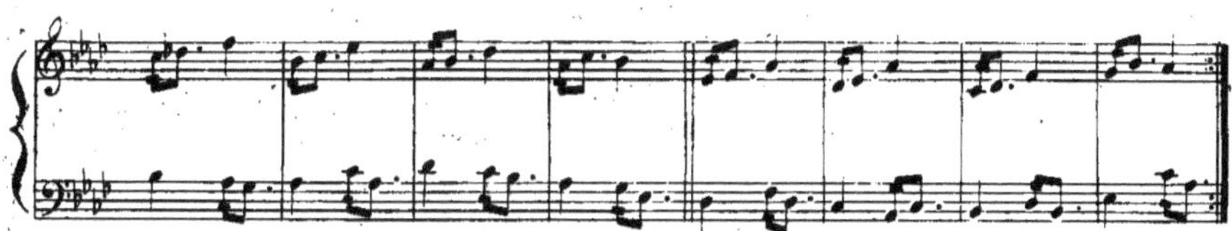

A transposer dans tous les Tons, Excepté en Ré ♭ et ♮ .

N.° 82

A transposer dans tous les Tons, par modulations au Grave .

N.° 83

A transposer en Ut, Ré, Mi, Fa, Sol ♮ ; en Ré, Mi Sol ♭, et en Fa ♯ .

N°. 84 .

A transposer dans tous les Tons ; par modulations a L'aigu .

N°. 85

A transposer dans tous les Tons par modulations au Grave .

Résumé.
N°. 86.

A transposer en Ut, Ré, Mi, Fa, Sol ♮; en Ré, Mi, Sol ♭, et en Fa ♯.

N°. 87.

a Transposer en Ré, Mi, Fa, Sol, La, Si ♮, et en Ré, Mi, La, Si ♭.

R *

N°. 88.
A transposer dans tous les Tons; modulations a L'aigu.
N°. 89.
A transposer en Ut, Mi, Fa, La, Si♮; et en Ré, Mi, La, Si♭.

N°. 90.
N°. 91.
N°. 92.
A transposer dans tous les Tons ; modulations au Grave .
dans tous les Tons ; excepté en Si ♭ et ♮ .
dans tous les Tons ; excepté en Fa ♮ et ♯ et en Sol ♭ .

R *

N.º 93.
dans tous les Tons; Excepté en Si ♭ et ♮.
N.º 94.
A transposer en Ut, Ré, La ♮, et en Ré, La, Si ♭.

R *

J'ai cru devoir pour quelques numéros; suspendre l'indication des Tons à faire transposer: le Maître devant se guider d'après l'étendue ordinaire des voix,

N°.100
N°.101
N°.102
N°.103
Les 3 notes du milieu sont syncopées.
N°.104.
N°.105
2.f.
2.f.
2.f.
2.f.
2.f.
2.f.
R.

N°.106
N°.107
N°.108.

N.º 109.
N.º 110.
N.º 111.
R *

Nº 112

Nº 113
Nº 114
R

N° 115.
N° 116.
N° 117.

Nº 118.
Nº 119.
Nº 120.
Nº 121.
Nº 122.
R

N.º 123
N.º 124
N.º 125

N.º 126
N.º 127
N.º 128
1º
2º
1º
2º
R

N.º 129
N.º 130
B.

N°.151
N°.152

128
N°.155.
1°
2°

Resumé.
N.° 134

DUO.

R

TRIO, ID^{em}.
N°.157.

Duo Concertant.
N°.158.
Basse Instrument

TRIO, AD LIBITUM.

N.º 139.

TRIO, AD LIBITUM.

N.º 140.

Moderato.   DUO.

136
A transposer en Ut, Ré, Mi, Sol ♮, et Ré, Mi ♭
Andantino.
TRIO.
N.º 142.
Fleu — ve du ta — ge Je fuis tes bords heu — reux
Fleu — ve du ta — ge Je fuis tes bords heu — reux
Fleu — ve du ta — ge Je fuis tes bords heu — reux
A ton ri — va — ge J'a — dres — se mes a — dieux Ro —
A ton ri — va — ge J'a — dres — se mes a — dieux Ro —
A ton ri — va — ge J'a — dres — se mes a — dieux Ro —
B *

_chers bois de la ri — ve E_cho nym _ phe plain _ ti _
_chers bois de la ri — ve E_cho nym _ phe plain _ ti _
_chers bois de la ri — ve E_cho nym _ phe plain _ ti _
ve A _ dieu je vais Vous quit _ ter pour ja _ mais
ve A _ dieu je vais Vous quit _ ter pour ja _ mais
ve A _ dieu je vais Vous quit _ ter pour ja _ mais
A transposer en Ré, Mi et Fa ♮ et Ré, Mi ♭.
À UNE VOIX
N° 143.

N°.144.
N°.145.
N°.146.

NOTA? Ces quatre numéros précédents; 143. 144. 145, 146; qui se composent chacun d'une sé_
_rie de 52 notes; par les soins du maître qui se servira de ma méthode; vont devenir le moyen le plus
sûr, ainsi que le plus prompt? pour que l'Élève puisse à la fois acquérir, 1°.; une intonation assu_
_rée; quelque soit L'armement supposé de la Clef, par un nombre quelquonque de Dièses ou de Bé _
_mols .

2°.; Une connaissance parfaite des Trois Accords du Mode Majeur dans les 12 Tons .

3°.; Une grande habitude de transposer à vue des sept manières, par la supposition mentale
d'une nouvelle Clef, dans les deux parties, pour chaque nouvelle Transposition .

L'on commencera donc ces quatre Exercices par le Tour complet des changements de Ton,
d'abord de Quinte en Quinte à L'aigu; ensuite par le même écart, mais au Grave; comme l'in_
_diquent les Tableaux (Pl: 6 et 10 .)

Ensuite, d'après le nombre de Dièses ou de Bémols qui arment la Clef; ayant exécuté ces qua_
_tre numéros dans le Ton résultant de cet armement; on les répetera dans cette même quantité de
signes Alternatifs; pour les 6 autres degrés diatoniques de L'octave; comme on l'a fait déjà pour le
Ton primitif d'Ut Majeur (Voyez 2°. partie, 2°. Leçon, page 35, 4°. paragraphe;) ne considérant
alors ces six autres degrés; que comme des Sons principaux et non comme des Toniques; faisant
abstraction des 3 signes Conventionnels (♡, △, ◌) des Accords qui perdent leurs proportions natu_
_relles; l'armement de la Clef; ne changeant pas .

Et enfin; pour amener L'Élève au point de ne jamais broncher à la rencontre d'une Intonation
des plus difficiles et contre l'ordre ordinaire des proportions qui constituent le Mode Majeur; il sera bon
de supposer un ou plusieurs Dièses ou Bémols pris à volonté dans les sept; soit Ré ♯, sans les 3 pre _
_miers; ou de toute autre manière Transgressive à leur succession naturelle à la Clef.

On ne devra néanmoins se permettre ce genre d'exercices, que très rarement et surtout que
quand L'Élève possèdera parfaitement la Tonalité naturelle; pour ne pas risquer de la perdre dans un
nouvel ordre de chose contraire à la composition des trois accords sur les quels il s'est continuellement
exercé; et qui cependant pourrait se rencontrer dans des Transitions passagères de quelques Morceaux
à effets sinistres .

Ces quatre exercices, numéros 143, 144, 145, 146; devront aussi servir d'introduction pendant
long-temps aux divers airs et morceaux que l'élève devra chanter .

A transposer en Si ♮ et ♭ au grave et en Ré et Mi ♭ à l'aigu.

Autre mesure à 2 temps, renfermant la valeur entière de la ronde ○.

N°. 148.

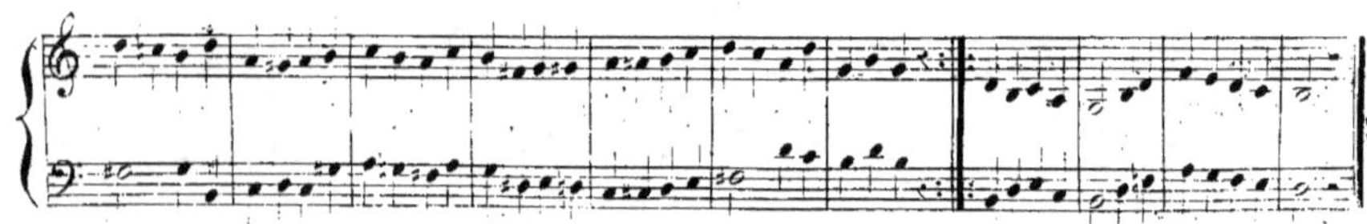

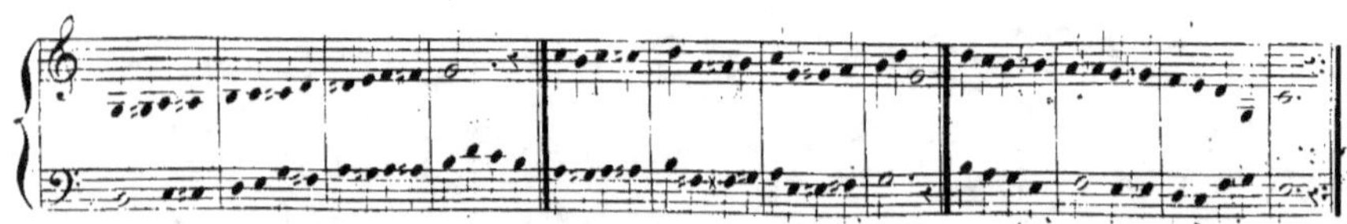

A transposer en Ré, Mi, Fa ♮ à l'aigu et Ré, Mi, et Sol ♭ à l'aigu.

N°.149
A transposer dans les 11 autres tons.
N°.150.

A transposer en Ré ♭ et ♮.

N.º151.
N.º152.
A transposer en Mi ♮ et ♭, Ré ♮ et ♭, au grave, et en en Sol ♮ à l'aigu.

A transposer en Ut ♮ au grave et en Mi ♮ et ♭ à l'aigu.
Andante
A faire solfier en nommant les notes, et ensuite, vocaliser sur la voyelle A.
Air connu
à 3 voix.
N°.153.
A A A A—A A A

A transposer en Ré ♮ et en Mi ♭.
Air connu
N°.154.

No. 155.

N°156
Intervalles de Quartes.

N.°157.
Intervalles de Quintes

N°.158.
Intervalles de Sixtes.

Intervalles de Septièmes.
N.° 159.
2/4
R *

Tierces directes .
Nº.160 
Quartes directes .
Nº.161 . 
Quintes directes .
Nº.162

Ces quatre dernières mesures sont notées à une octave en dessous; mais la voix ne changera pas d'octave: cette maniè_
re d'écrire n'étant que pour habituer à lire avec les petites lignes supplémentaires.

La partie de chant de ces quatre dernières mesures s'exécute aussi deux octaves plus haut que la notation.

OBSERVATIONS ESSENTIELLES

Dans une double Série Diatonique, se composant des 7 Sons Heterogenes repetes une fois
tel que

Les Intervalles de Seconde, de Tierce, de Sixte et de Septième, sont susceptibles d'être Ma_
jeurs ou Mineurs, comme on l'a vu (Théorie, Pages 7, 8, et 9 .)

En fait de ceux de Seconde et de Tierce, les Majeurs sont ceux où il ne se voit point de
Demi-Ton, dans la distance qui sépare les 2 Sons qui constituent l'Intervalle .

Dans les Exemples suivants, établis sur deux Portées; ces Intervalles Majeurs seront sur cel_
le superieure, et ceux Mineurs; sur celle inférieure, Écrits en plus petits caractères

EXEMPLE 1.er

Pour les
Secondes .

Ces cinq Intervalles de Seconde, sont donc chacun d'un Ton et par consequent Majeurs (Voyez
Pages 7 et 8 de la Théorie)

Pour les
Tierces .

Et ces Trois Intervalles de Tierce qui sont chacun de 2 Tons, sont aussi Majeurs (Théo_
rie, Pages 7 et 9 .)

En fait de ceux de Sixte, et de Septième; les Majeurs sont ceux où il ne se voit qu'un seul
Demi-Ton dans la Série formant la distance qui sépare les 2 Sons .

EXEMPLE 2.me

Ces 4 Intervalles de Sixte sont chacun de 4 Tons et $\frac{1}{2}$, et il ne se voit dans chaque Série
qui les forment; qu'un seul d'un $\frac{1}{2}$ Ton (Théorie, Pages 7 et 9 .)

Et ces 2 Intervalles de Septième sont chacun de 5 Tons et ½ , et il ne se voit dans cha_
que Série qui les forment ; qu'un seul d'un ½ Ton (Théorie, Pages **7** et **9** .)

On vient de voir de quels à quels Sons : d'une double Série Naturelle du Mode Majeur
qui donne l'Ut pour Tonique ; se trouvent les Intervalles ou Distances de Seconde, de Tierce,
de Sixte et de Septième que l'on nomme Majeurs ; parce qu'ils sont les plus Grands de la Sé_
rie de ce Mode .

Mais comme l'Elève sait maintenant que la Tonique, ainsi que les 6 autres degrés diato _
niques s'adoptent alternativement : d'apres les onze Modulations ou changements de Ton ; aux on_
ze autres Sons du système ? il est donc d'une nécessité absolue de se reporter à l'Etude des
nommenclatures plus scientifiques des 7 degrés de l'Octave (Théorie, 1ᵉ. Paragraphe de la Pa_
ge **7** ;) que je vais reproduire ici d'une manière encore plus susceptible de se les inculquer
dans la memoire .

Ainsi ? par le moyen de ce nouveau Tableau ; l'on pourra : en n'envisageant plus que les dé_
grés de l'Octave, n'importe à quels Sons ils se trouvent adaptés : se faire le raisonnement
suivant, par le secours de cet autre Tableau .

TABLEAU.

INTERVALLES MAJEURS.	INTERVALLES MINEURS.
Les 5 Intervalles Majeurs de Seconde, se trouvent entre Les ;	Les 2 Intervalles Mineurs de Seconde se trouvent entre Les ;
Tonique et Sous-Médiante — 1r. et 2e. degrés	
Sous-Médiante et Médiante — 2e. et 3e. degrés	
	Médiante et Sous-Dominante — 3e. et 4e. degrés
Sous-Dominante et Dominante — 4e. et 5e. degrés	
Dominante et Sus-Dominante — 5e. et 6e. degrés	
Sus-Dominante et Sensible — 6e. et 7e. degrés	
	Sensible et Tonique (bis) — 7e. et 8e. degrés
Les 3 Intervalles Majeurs de Tierce, se trouvent entre Les ;	Les 4 Intervalles Mineurs de Tierce se trouvent entre Les ;
Tonique et Médiante — 1r. et 3e. degrés	
	Sous-Médiante et Sous-Dominante — 2e. et 4e. degrés
	Médiante et Dominante — 3e. et 5e. degrés
Sous-Dominante et Sus-Dominante — 4e. et 6e. degrés	
Dominante et Sensible — 5e. et 7e. degrés	
	Sus-Dominante et Tonique — 6e. et 8e. degrés
	Sensible et Sous-Médiante (bis) — 7e. et 2e. degrés
Les 4 Intervalles Majeurs de Sixte se trouvent entre Les ;	Les 3 Intervalles Mineurs de Sixte se trouvent entre Les ;
Tonique et Sus-Dominante — 1r. et 6e. degrés	
Sous-Médiante et Sensible — 2e. et 7e. degrés	
	Médiante et Tonique (bis) — 3e. et 8e. degrés
Sous-Dominante, et Sous-Médiante (bis) — 4e. et 2e. degrés	
Dominante, et Médiante (bis) — 5e. et 3e. degrés	
	Sus-Dominante, et Sous-Dominante (bis) — 6e. et 4e. degr:
	Sensible, et Dominante (bis) — 7e. et 5e. degrés
Les 2 Intervalles Majeurs de Septieme se trouvent entre Les ;	Les 5 Intervalles Mineurs de Septieme se trouvent entre Les ;
Tonique, et Sensible — 1r. et 7e. degrés	
	Sous-Médiante, et Tonique (bis) — 2e. et 8e. degrés
	Médiante, et Sous-Médiante (bis) — 3e. et 2e. degrés
Sous-Dominante, et Médiante (bis) — 4e. et 3e. degrés	
	Dominante, et Sous-Dominante (bis) — 5e. et 4e. degrés
	Sus-Dominante, et Dominante (bis) — 6e. et 5e. degrés
	Sensible et Sus-Dominante (bis) — 7e. et 6e. degrés

Maintenant je rappele a l'Élève 1°.; que les Intervalles de Quarte et de Quinte justes sont cha_ _cun au nombre de 6 dans la Série Diatonique; 2°.; qu'un seul de Quarte est augmenté, et qu'un seul de Quinte est diminué; 3°.; que les Quartes justes sont de 2 Tons et ½, les Quintes justes de 3 Tons et ½; 4°.; que la seule Quarte augmentée est de 3 tons; comme la seule Quinte diminuée est aussi de 3 Tons; 5°.; que la Quarte augmentée se trouve entre Les: Sous_Dominante et sensi_ _ble d'une même Octave, 4e. et 7e. degrés; et que la Quinte diminuée se trouve entre les: Sensible, d'une Octave grave, et Sous_dominante (bis) de l'Octave suivante a l'Aigu; 7e. et 4e. degrés (Théorie Page 7, 8, 9,)

Pour parvenir à se rendre compte d'une manière plus convaincante que Fa Sous_Dominante, pour devenir Sensible etait le seul désigné par la nature, comme le 1er. Son naturel à abandonner et à échan_ _ge contre son suivant Chromatique à l'Aigu (Fa #; le 7e. des 12 Sons, Planche 1, Fig: 4,) de même que le Si, Sensible, pour devenir Sous_dominante; serait aussi le 1er. à échanger contre son suivant Chromati_ _que au Grave (Si ♭; le 11e. des 12 Sons, Pl: 1, Fig: 4.) donc pour resoudre cette question; nous allons établir: 7 Séries de 8 notes naturelles posées à leurs distances respectives d'un Ton, ou d'un ½ Ton; et, ce ne sera que sur la Note qui doit; à son rang de distance; se poser sur le 5e. degré, (surmonté de ce signe ◊) de ces 7 Séries: et qui ne pourra s'y placer sans une Mutation Chromatique ascendan_ _te; qu'arrivera le 1er. # pour la formation d'une 6e. Quinte et d'une 6e. Quarte Justes

EXEMPLE 1er. .

Intervalle de Quinte juste de 3 Tons et ½				Intervalle de Quarte juste de 2 Tons et ½			
1er. Degré	2e. Degré	3e. Degré	4e. Degré	5me. Degré	6e. Degré	7e. Degré	8e. Deg:
UT	RÉ	MI	FA	SOL	LA	SI	UT
RÉ	MI	FA	SOL	LA	SI	UT	RÉ
MI	FA	SOL	LA	SI	UT	RÉ	MI
FA	SOL	LA	SI	UT	RÉ	MI	FA
SOL	LA	SI	UT	RÉ	MI	FA	SOL
LA	SI	UT	RÉ	MI	FA	SOL	LA
SI	UT	RÉ	MI	FA 6e.q	SOL	LA	SI

FA#

Quinte Diminuée — Quarte Augmentée

Où l'on voit que Fa seul n'a pu, comme les 6 autres Notes naturelles; Conserver les 2 rela_
tions de Quinte juste avec le 1er. degré; et de Quarte juste avec le 8me. degré, sans le moyen de
son élévation d'un ½ Ton par un ♯

Si; au contraire; on établit le 4e. degré ♢ des 7 Séries suivantes; comme le point décisif de
la question inverse relative au droit primordial du Si comme ♭; l'on verra que ce Son seul ne
pourra non plus s'y placer sans une Mutation Chromatique descendante.

EXEMPLE 2me.

	Intervalle de Quarte juste de 2 Tons et ½			Intervalle de Quinte juste de 3 Tons et ½			
1er Degré	2e Degré	3e Degré	4e Degré	5e Degré	6e Degré	7e Degré	8e Deg:
UT	RÉ	MI	FA	SOL	LA	SI	UT
RÉ	MI	FA	SOL	LA	SI	UT	RÉ
MI	FA	SOL	LA	SI	UT	RÉ	MI
FA	SOL	LA	SI	UT	RÉ	MI	FA
SOL	LA	SI	UT	RÉ	MI	FA	SOL
LA	SI	UT	RÉ	MI	FA	SOL	LA
SI	UT	RÉ	MI	FA	SOL	LA	SI

Ou l'on voit aussi; que le Si seul; n'a pu conserver les relations de Quarte et de Quinte jus_
tes, sans son abaissement d'un ½ Ton; par un ♭.

On peut donc conclure de ces observations; que ces deux Sons, Fa, Sous-Dominante, et Si
Sensible, du Ton naturel et primitif d'Ut Mode Majeur; sont les seuls et premiers transgres_
seurs aux proportions naturelles des Quartes et des Quintes consonnantes, puisque? le Si entre 2 Fa

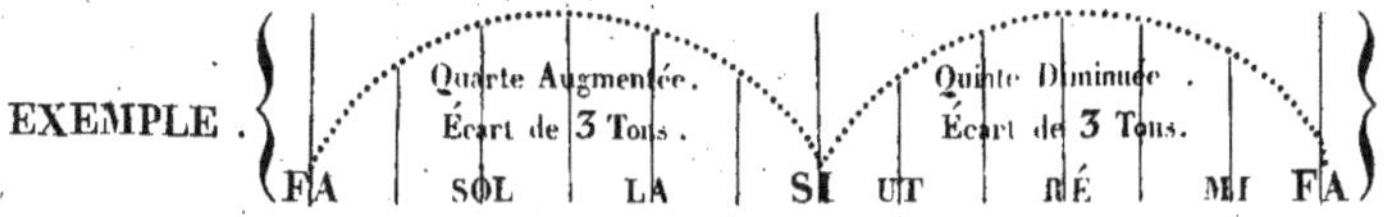

ne peut produire que les Intervalles Dissonnants de Quarte Augmentée, et de Quinte Diminuée;
ainsi que le Fa entre deux Si.

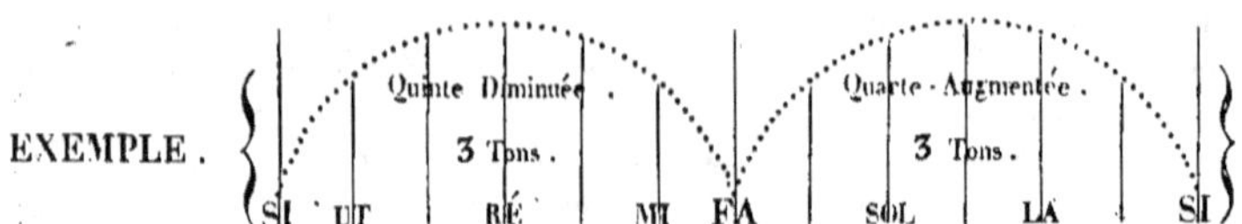

qui ne peut non plus produire que ces deux mêmes Intervalles; qui ne peuvent être rendus justes que par l'effet de la première Mutation ascendante par un ♯ pour le Fa, ou de la première Mu_tation Chromatique Descendante par un ♭ pour le Si . Exemples pour les deux Cas

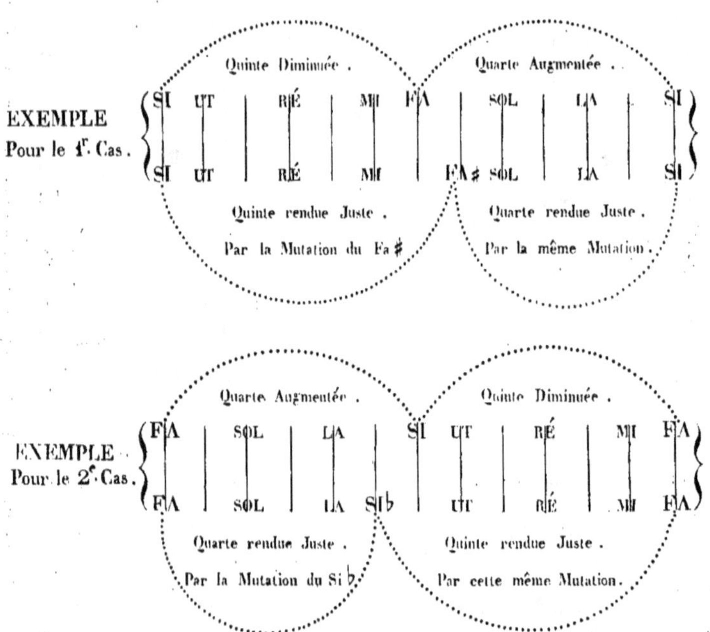

Aussi voyons nous, que ces deux Sons de l'Octave naturelle, s'en trouvent les deux premiers exclus, comme se trouvant les deux premiers contrevenants aux proportions des Quartes et des Quintes Consonnantes, ainsi qu'à l'ordre naturel de l'emplacement des deux Intervalles d'un demi_ton, dans l'Octave des deux Modes .

Si la nature; n'avait indiqué je suppose; que des distances semblables entre les Sons dont se compose une Série ou Gamme Diatonique; au nombre de 7 hétérogènes et d'un 8.°, homogène au 1.°.; alors; ces sept distances toutes égales seraient nécessairement de quelques choses moin_ dres que celles qu'on nomme d'un Ton, Exemple .

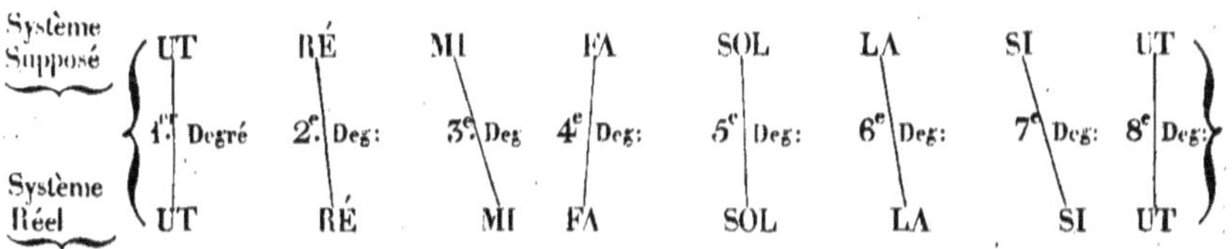

et où ne se trouvant pas les deux Intervalles plus rapprochés entre les Sons Mi Fa et Si Ut; il ne pourrait exister qu'un seul Mode, et sur lequel des 7 Sons hétérogènes que se fixerait le point de départ et de resolution d'une Octave; (C'est à dire la Tonique;) les Sons ainsi placés à des Intervalles égaux; tous les changements de Ton s'opèreraient sans aucunes Mutations Chro_ matiques, puisque ce genre dévenu inutile; serait probablement ignoré; que l'on ne connaitrait ni demi-ton, ni dièses ni Bémols: dont la plus essentielle nécessité ne consiste qu'à rétablir les proportions inégales qui existent entre les 7 distances des Sons dont se forme une Octave du Mode Majeur, ou du Mode Mineur

D'une telle supposition: aussi absurde qu'impraticable? naitrait la triviale idée d'une Musique aussi monotone qu'imparfaite, ne se composant que d'Intervalles inmodifiables; tel qu'un Tableau sans ombre et sans nuances?·des fleurs d'une seule couleur, d'une même odeur, des fruits et au_ tres végétaux d'un même goût et d'une seule propriété .

Loin de nous; loin des ames artistiques des idées aussi rétrécies? persévérance et courage ? la récompense et le plaisir nous attendent au moment où nous pourrons distinguer, aprécier et ce. qui s'appelle entendre les Chef_ d'œuvres de nos grands Maitres .

Si un COPERNIC, un KEPLER, un GALILÉE, le Célèbre NEWTON et autres grands hommes: parvinrent à developper le Système du monde, au point de ne laisser aucun doute sur les divers éloignements et mouvements des astres innombrables qui décorent la voute Céleste? comment ne parviendrait on pas à se rendre compte d'un Système dont les éléments nous en_ tourent de si près, et sont limités au petit nombre de 12 Sons Hétérogènes des quels tres sou_ vent; sept seulement, fonctionnent à la fois .

R

RÈGLE D'OCTAVE ;

Une des plus simple; pouvant même ne se considerer que comme des Exercices sur les trois accords du Mode Majeur, 1°. L'accord parfait, qui accompagne la Tonique, la Médiante et la Dominante. 2°. L'accord Dominant qui accompagne toujours la Sous——Médiante et la Sensible, de même que la Sous-Dominante, lorsque le chant descend ; et sur celui de Sixte Quarte , qui accompagne la Sus-Dominante en montant comme en descendant, et si l'on veut ; aussi la Sous-Dominante, surtout en montant là Gamme.

MESURE TRIANGULAIRE, A 3 TEMPS.

Chaque temps de cette mesure, se composent des mêmes quantités que ceux de la mesure à deux-quatre.

Nº 168.

N°170.

AIR A 3 VOIX, PAROLES DE R......

2me c.

Ah! si d'amour, l'âme de la nature,
Les feux sacrés ne devaient tôt finir,
Nous goûterions félicité si pure !
Que nous mortels, ne voudrions pas mourir.

R.

MESURE A QUATRE TEMS

Dans cette mesure Quadrangulaire chaque temps, se composent encore de la même quantité que dans celles à $\frac{2}{4}$ et à $\frac{3}{4}$.

Intervalles de Quartes.

N.º 174
A transposer dans tous les tons.
A transposer en Ut, Si, La, Sol grave et en Mi et La aigu.

R.

La dominante produit un effet agréable avec toutes les notes de L'octave, à l'exception de la Sus_

N°175.

_ dominante La.

Pour se convaincre du mauvais effet que produit le La, essayez de faire dans la partie de Basse les noires en petites Notes, qui ont la queue en bas.

Intervalles de Quintes.

N°176.

Air connu varié, pour la premiere et la seconde partie vocale .

Intervalles de Quintes.
N° 178.
A transposer dans tous les tons.
A transposer en Si ♯ et ♭, en La ♮ et ♭, et en Re ♭ et ♮.

Intervalles de Sixte .
N° 179 .

NOTA . Dans le numéro suivant , sur tous les Intervalles , à transposer dans tous les Tons ; autant que l'étendue de la voix le permettra ; l'élève chantera les Notes à l'octave d'en haut ; qui se voyent au dessus en ♪ isolées .

A transposer dans les honze autres tons par progression de Quintes ascendantes d'après les suppositions des clefs et de leurs divers armements comme ci après.

En Sol ♮ et ♭
En Re ♮ et ♭
En La ♮ et ♭
En Mi ♮ ou ♭
En Si ♮ et ♭
En Fa ♯ ou ♮
Intervalles de Septiemes .
N°.181 .
A transposer en Sol ♮, en Si ♭ et ♮, et en Ut ♮ .

R *

N°.182.

Allegro

Résumé de tous les intervalles

Tierces et Secondes
Tierces, Seconde
et Quartes

Tierces, Quartes et Quintes
Secondes, Tierces, Quar..
tes Quintes et Sixtes

R

490
Quintes, Septiemes, Tierces, Sixtes, Secondes, octaves et Quartes

A transposer d'autant de manière que possible .

Nº 184

GAMME A 2 VOIX .

N°. 185 .

LEÇON A 3 VOIX.

Andante.

N.° 186.

SOPPRANO.

SECONDO.

BASSO.

Basse instrument, pour regulateur des croches.

R *

À transposer en Sol ♭ et ♮.
N°. 187.

MESURE A SIX_HUIT, QUI SE BAT A **2** TEMPS .

N.° 188.

N.° 189.

R *

198
2 fois
N°. 190
2 fois
N°. 191
2 fois
N°. 192
N°. 193
2 fois
B *

N°. 194
N°. 195.
N°. 196

N.° 197.
Résumé
N.° 198
Violoncello
Piano
R.

MESURE À TROIS-HUIT, À 3 TEMPS.

N.º 199

N.º 200

N.º 201

N.º 202

N.º 203

N.º 204
N.º 205
2 fois
N.º 206
R *

N.º 207

N.º 208

R *

Résumé
N°. 209

EXERCICES SUR LES TEMPS MUETS.

A 2 PARTIES VOCALES.

Rhythme Bisangulaire et Quadrangulaire.

Les mouvements de ces morceaux seront réglés du lent au vif; d'après les progrets de l'Élève.

R *

N.º 211.
R ✱

R *

R *

R *

RHYTHME TRIANGULAIRE.

Ces Exercices pourraient se multiplier à l'infini si l'on voulait prévoir toutes les combinaisons dont ce genre de musique peut être susceptible ; mais par le moyen du compte mental ; toutes valeurs parlantes ou muettes s'encadrent dans les Temps de la mesure avec une même précision, et avec autant de facilité.

MODE MINEUR.

Gamme Mineure de GUI DAREZZO, (Solfége du Conservatoire de Paris, 2ᵉ. Partie, Pa_
ge 79, Nᵒ. 93, 4ᵉ. Gamme) et (de mon ouvrage, Planche 15 et 14)

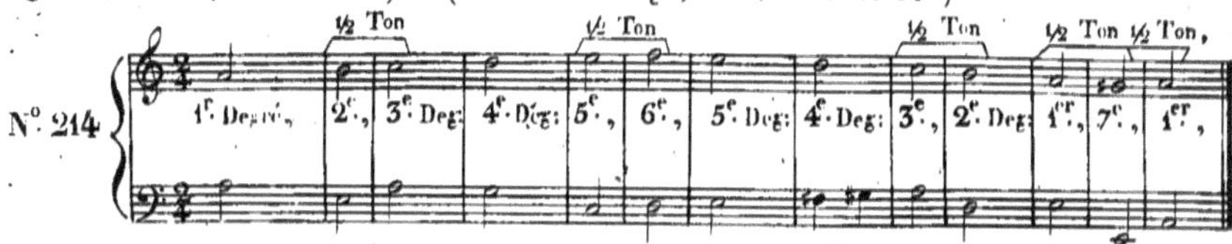

Cette Gamme présente 3 Intervalles qui ne sont que d'un ½ Ton (Tableau Pl. 6, 10ᵉ.
Colonne, et 2ᵉ. formule . Pl: 15 .)

Autre; de Logique de la Musique Élémentaire

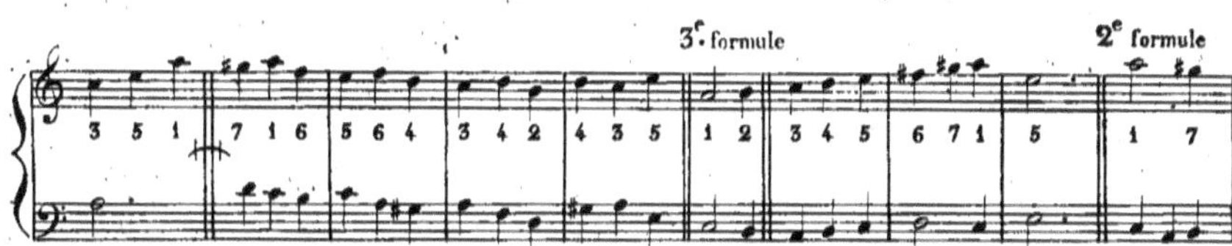

A transposer dans les 11 autres Tons

Le N°. suivant se chante naturellement, une Octave à l'Aigu de sa notation.
N°. 216.
même sujet
1re. formule
2e. formule
3e. formul
2e. formule

Nota ? le numero suivant s'exécutera dans les deux Modes et dans les 24 Tons; par le moyen ordinaire de toutes les suppositions necessaires des diverses Clefs et de leurs divers armements; en observant que la Sensible (surmontée d'un s;) qui se trouve posée sur la 3ᵉ. Ligne de la portée du Chant, et sur la 2ᵉ. de la portée de la Basse : conserve son même degré d'élévation dans les 2 Modes: d'apres l'effet de son altération Chromatique ascendante et accidentelle soit par un #; si elle est Naturelle dans la Série; soit par un double-x, si elle est dieze, ou par un ♮, si elle est Bémole . (voyez Pl: 14)

GAMMES,

Exercices et Accords des 2 Modes, Tons Relatifs par le moyen de l'Accord Dominant du Majeur, qui peut se Transformer en Septieme Diminuée du Mineur relatif, par la seule É_lévation d'un ½ Ton, du plus Grave des 4 Sons dont cet Accord se compose (Voyey la Thé_orie, Page)

Quand l'élève aura bien compris et senti la différence de ces 2 Modes; et qu'il exécutera sans hési_tation, ces 215 numeros, d'exercices préliminaires; il faudra lui faire chanter les 27 morceaux inserés dans le Texte, servant d'exemples pour le compte mental; d'abord en Battant la mesure lui même; puis la lui marquant comme un Chef d'Orchestre, sans qu'il la Batte, et enfin sans la marquer ni l'un ni l'autre par aucun geste ni aucun mouvement ostensible .(Ces 27 Morceaux commencent Page 68 .)

R *

9 782329 292625